ЧИНГИЗ АБДУЛЛАЕВ

МИСТЕРИЯ ЭПОХИ ЗАКАТА

ИЗДАТЕЛЬСТВО
АСТРЕЛЬ
МОСКВА

УДК 821.161.1-312.4
ББК 84(2Рос=Рус)6-44
   А13

(С.: ПС) Оформление обложки — *дизайн-студия «Графит»*

(С.: ЧК) Компьютерный дизайн *Хафизовой Н. А.*
В оформлении книги использованы фотоматериалы
Романа Горелова

Подписано в печать 20.02.2007. Формат 84х108/32. Усл. печ. л. 16, 8.
Печать офсетная. С.: ПС Тираж 10000 экз. Заказ № 5113 Э.
С.. ЧК Тираж 10000 экз. Заказ № 5112 Э.

Санитарно-эпидемиологическое заключение
№ 77.99.02.953.Д.003857.05.06 от 05.05.2006 г.

Общероссийский классификатор продукции ОК-005-93,
том 2; 953000 — книги, брошюры

Абдуллаев, Ч.
А13   Мистерия эпохи заката: [роман] / Чингиз Абдуллаев. —
М.: Астрель: АСТ, 2007.— 317, [3] с.

ISBN 978-5-17-043596-8 (ООО «Издательство АСТ») (ПС)
ISBN 978-5-271-16674-7 (ООО «Издательство Астрель») (ПС)
ISBN 978-5-17-043594-4 (ООО «Издательство АСТ») (ЧК)
ISBN 978-5-271-16626-6 (ООО «Издательство Астрель») (ЧК)

Когда-то он был одним из «вольных стрелков» — самых засекреченных аген-
тов КГБ, о существовании которых не подозревал никто — даже их коллеги.
Но времена меняются.
И теперь он работает не на государство, а на сбежавшего в Лондон российс-
кого олигарха.
Начальник службы безопасности.
Работа денежная — и, в сущности, нетрудная.
По крайней мере, была такой... пока шеф не попросил его встретить в аэро-
порту приехавшую в Лондон знаменитую актрису из Москвы.
Просто дружеская услуга? Мелочь?
Но эта мелочь — первое звено в цепи загадочных преступлений, которые мо-
гут стоить жизни и московской гостье, и лондонскому олигарху, и его начальни-
ку безопасности.
Полиция не может сделать ровно ничего.
А это означает, что бывшему «вольному стрелку» предстоит вспомнить свои
старые навыки...

УДК 821.161.1-312.4
ББК 84(2Рос=Рус)6-44

«Сообщение от группы Рэма Желтухина. Он пока вообще никого не встречал. Он в восторге от своей свалки и клянется в ближайшее время определить индекс здешней цивилизации с точностью до второго знака. Я пытаюсь представить себе эту свалку — гигантскую, без начала и без конца, завалившую полмира. У меня портится настроение, и я перестаю об этом думать».

А. Стругацкий, Б. Стругацкий
«Жук в муравейнике»

«Чтобы быть абсолютно счастливым человеком, нужно иметь хороший желудок, злое сердце и совсем не иметь совести».

Дени Дидро

Вместо эпилога

Я не знал, как мне быть. Ситуация абсолютно невозможная и оттого еще более непредсказуемая. Можете себе представить, как я нервничаю? Просто схожу с ума. Этот безумный день уже почти заканчивается, и я должен принять какое-то решение. Должен наконец решиться на последний шаг. Как это сложно! И какой невероятный день я прожил! Один день — как вся моя предыдущая жизнь. Как все эти годы, проведенные под постоянным стрессом возможного разоблачения. Иногда это было неприятно, иногда опасно, в некоторых случаях — чуть ли не смертельно опасно.

Мне удалось не только выстоять, но и прожить достаточно интересную жизнь. Иной раз я чувствую себя почти Штирлицем — помните такого разведчика из знаменитого фильма? А подчас мне становится невыносимо грустно, и тогда подступающая депрессия превращает меня в меланхолика. Я начинаю думать, что мог бы стать известным журналистом или писателем, знаменитым ученым или политиком.

Но я доволен. Все же моя жизнь была не столь опасной, как у Штирлица, зато и не такой пресной, как у большинства людей. К тому же я успел привыкнуть к этой двойной жизни и даже испытывал некоторое удовольствие от самого факта существования моей тайной работы, о которой так никто и не узнал. Я не думал, что сегодняшний день, начавшийся рано утром, закончится столь неожиданным образом. Я вообще не был готов к тем событиям, которые произошли. Но они в конечном итоге перевернули мою и без того не очень спокойную жизнь.

Я все еще раздумываю, не зная, как мне поступить. Но я не сомневаюсь, что приму верное решение. Теперь, когда все закончилось, мне кажется, что я готовился к этому дню всю свою жизнь. И шел к этому дню все последние годы. Почти двадцать лет. Я знаю, что книгу нельзя начинать с эпилога. Глупо как-то и вообще неправильно. Но мне нужно успокоиться и решить, как дальше жить. А заодно и рассказать вам обо всем, что со мной произошло.

Я все еще колеблюсь, хотя мне нужно позвонить. Позвонить и высказать свое предложение, которое будет последним. После этого звонка у меня не останется другого выбора: либо меня убьют, либо я в одночасье стану миллионером. По большому счету мне совсем не хочется звонить. Как не хочется и становиться миллионером. И уж тем более мне не хочется, чтобы меня убили. Но я знаю, что сейчас достану телефон и позвоню. Я уже не раздумываю. И, достав аппарат, набираю номер. Долго жду ответа. Очень долго. Я начинаю нервничать. И наконец слышу знакомый голос:

— Считай себя покойником.

Ничего другого я и не ожидал.

Но теперь начну рассказывать по порядку. О своей жизни и об этом сумасшедшем дне, о той мистерии, в которой все мы жили последние двадцать лет, и о той истории, которая произошла со мной.

Вместо вступления

Я обычный человек. Во всяком случае, всегда так считал. Наверное, вы сейчас закроете книгу, чтобы ее не читать. И правильно сделаете. В наше время никому не интересны приключения обычного среднего человека. Всем интересно, как живут олигархи, на что они тратят деньги, каких актрис и топ-моделей содержат, а еще с кем спят или не спят наши доморощенные звезды. Есть еще немного интереса к политикам и бандитам. И это все. Больше никакие темы никого не волнуют. И никакие персонажи. Богатые люди, очень известные государственные деятели, менее известные, но хорошо узнаваемые проститутки и содержанки, известные бандиты и нувориши. Кажется, что весь мир состоит исключительно из них. Как только открываешь любую книгу, так сразу понимаешь, что в ней показаны гламур, глянец, грязь и гадость. Еще немного дерьма, но это слово тоже можно писать с буквы «г».

Еще не закрыли книгу? Правильно сделали. В моей жизни тоже хватало всего этого «добра». Но самое обидное, что героями книг советских писателей были люди труда — шахтеры, монтажники, строители, врачи, инженеры, учителя, служащие. В общем те, кто нормально работает, женится, как правило, только один раз, воспитывает детей и внуков и создает ту самую прибавочную стоимость, которую потом воруют и отбирают у них наши олигархи. Из ничего не может появиться нечто. Сначала работают миллионы людей, которые создают конкретный продукт. Потом несколько тысяч из этого миллиона этот продукт присваивают себе, а еще несколько человек из этих тысяч определяют его цену, присваивая себе всю прибавочную стоимость. И зарабатывая миллиарды. Все прямо по Марксу. Хотя старик многое напутал, все же кое-что он написал правильно. Но не буду о нем вспоминать, чтобы не запугать вас окончательно.

Интересно другое, а именно как изменились приоритеты общества. Почему теперь считается, что воровать, обманывать, подличать, ходить по чужим головам, спекулировать, презирать собственный народ — это правильно и престижно. А честно работать и любить свою Родину — это дурной тон. Самое обидное, что пропаганда «успеха любой ценой» иногда вступает в противоречие даже со здравым смыслом. Но похоже, это никого не волнует. Недавно я смотрел старый фильм, снятый в годы моего детства, — «Республика ШКИД». Как мы тогда радовались за ребят, как переживали за них, как мы ненавидели Савушку, который давал маленьким детям хлеб в долг и брал с них в два раза больше. Как несправедливо и горько было за ребят, которых так обирали. А что сегодня? Выяснилось, что Савушка и есть «хозяин жизни». Что спекулировать, обирать ближних и слабых, обманывать остальных, воровать чужой хлеб — это правильно и заслуживает всяческого поощрения. А вот быть таким честным, как Янкель (помните такого?), глупо и недальновидно. Вот к чему мы пришли. Интересно, правда? Откуда ушли и куда пришли.

И так возьмите любой наш старый фильм. Вспомним другую картину — «Доживем до понедельника». Как мы любили тогда учителя истории, которого так здорово сыграл в фильме Тихонов! Я и на исторический-то решил поступать после того, как раз десять посмотрел эту картину. А что в конечном итоге? Выяснилось, что лейтенант Шмидт был просто наивным дурачком, подставившим своих матросов. А этот парень, который сжег «счастье» своего класса, — законченный идиот. Нашли из-за кого переживать! А какие глупости проповедовал своим ученикам историк в исполнении Тихонова? Единственный приличный человек в этой киноленте — мальчик, которого сыграл Игорь Старыгин. По современным меркам он пошел бы далеко, если бы сумел выжить в бандитские девяностые годы. Хотя лично я сомневаюсь, что он выжил бы. Все-таки у него были зачатки совести, и такой педагог, как тот историк, наверное, не выжил бы. Не сумел бы пройти по головам своих товарищей, чтобы стать успешным.

Недавно я с интересом ознакомился с биографиями современных российских олигархов. Да это же просто талантливые люди! Самородки. Большинство из них спекулировали уже в студенческие годы, продавали и перепродавали, фарцевали, занимались валютными операциями, частным извозом, маклерством, в общем, всем, что приносит доход. И преуспели. Не все, конечно. Некоторые воспользовались ситуацией и просто завладели заводами, фабриками, нефтяными скважинами, компаниями, землями, принадлежащими народу. Ну, на народ им было просто наплевать. И правильно. Почему они должны думать о других? Бог любит удачливых, так, кажется, высказался один из олигархов.

Сейчас мне сорок два года. А все началось тогда, когда я мальчиком решил поступать на исторический факультет. Я вырос в Баку, в восемьдесят первом закончил школу и твердо решил стать студентом исторического факультета Московского государственного университета. Вы помните, какое тогда было время? Самый расцвет застоя. Брежнев казался вечным, советский строй — абсолютно незыблемым. Все было расписано по пятилеткам на многие сотни лет вперед. Мы вступили в стадию развитого социализма, и чтобы успешно сдать экзамены, я должен был выучить решения двадцать шестого съезда КПСС, которые весь советский народ успешно претворял в жизнь.

На весь Баку дали одно целевое место в МГУ, и оно стало моим после того, как я сдал все экзамены на «отлично». Тогда центр предоставлял такие вот привилегии национальным республикам, разрешая им посылать своих представителей в высшие учебные заведения Москвы. Заодно таким образом готовились проверенные кадры для союзных республик. Возвращаясь обратно на родину по окончании столичных вузов, их выпускники занимали гораздо лучшие рабочие должности, чем их местные сверстники. Априори считалось, что образование, полученное в Москве, более серьезное и более надежное.

Об учебе я говорить не буду. Это были лучшие годы моей жизни. Пять лет пролетели как одно мгновение. Если я начну описывать эти времена, то получится три толстых тома похождений московского студента начала восьмидесятых. И хотя при Андропове нас стали немного проверять и пытались притеснять, в общем, все эти годы я вспоминаю как самые радостные. Прекрасные товарищи, красивые девушки, масса свободного времени, умные педагоги, веселые перелеты в Баку и обратно... Пять замечательных лет. На последнем курсе меня вызвали в организацию, которая называлась «Контора Глубокого Бурения». Нет, это, конечно, шутка. Так в узком кругу друзей мы называли Комитет государственной безопасности, три заглавные буквы которого наводили страх и ужас на весь мир. Но только не на меня. У меня дядя был большим чином в этой организации, генералом и одним из руководителей местного Комитета в нашей республике. Может, поэтому меня и вызвали? Я подозреваю, что мой дядя составил мне протекцию. Как бы там ни было, но меня пригласили в эту организацию и объяснили, что хотят предложить мне работу.

Я недолго думал. Ведь это же была сплошная романтика, хорошо нам всем известная по фильмам и книгам. Все тогда были влюблены в Штирлица-Тихонова и обожали Абеля-Баниониса из «Мертвого сезона». Можете себе представить, как мне повезло? Я сразу согласился. Да и сами подумайте, какой у меня был выбор? В советские времена историков после окончания университета отправляли на кафедры истории КПСС в качестве лаборантов. Там я просто загнулся бы от тоски и отсутствия перспективы. Или могли послать воспитателем в общежитие иностранцев. При распределении выпускников случались и такие казусы. Или я мог стать заведующим каким-нибудь кабинетом политического просвещения. Так что мне крупно повезло. Начиналась перестройка, к власти в стране пришел Михаил Горбачев. И весной восемьдесят шестого года я решил мою судьбу.

После окончания университета меня сразу отправили на учебу в Краснознаменный институт имени Феликса Эдмундовича Дзержинского, где я проучился еще два года. Заодно меня обучили двум иностранным языкам, правилам рукопашного боя, умению наблюдать и уходить от наблюдений, умению прятаться и находить спрятавшихся, умению убивать и не быть убитым. В общем, научили нормальным вещам, которые впоследствии мне очень пригодились. Правда, эти два с лишним года были гораздо более сложными и трудными, чем предыдущие пять. Если оценить по десятибалльной шкале коэффициент личного счастья и свободного времени, то в первые пять лет учебы я поставил бы девятку. А вот в следующие два года только единицу или двойку. Вот так серьезно нас готовили. Вы, наверное, уже решили, что я буду рассказывать о шпионских историях и приключениях в стиле Джеймса Бонда? Как я хотел бы вам это рассказать! Но тогда моя жизнь была бы всего лишь иллюстрацией очередного шпионского боевика, а не той, какой она оказалась на самом деле.

Я получил диплом и звание старшего лейтенанта уже в двадцать четыре года. В двадцать пять стал капитаном. Но меня не отправили работать за рубеж, не стали переводить на работу в Министерство иностранных дел, не разрешили даже остаться кадровым офицером в каком-нибудь местном управлении где-нибудь в Москве или в Баку. Вместо этого мне предложили работу «вольного стрелка». Не знаете, что это такое? Я вам скажу. Это было самое засекреченное подразделение КГБ СССР. Самое секретное. Настолько закрытое, что о нем не знало даже большинство офицеров, работающих в центральном аппарате КГБ.

На самом деле «вольные стрелки» есть в каждой крупной спецслужбе, почти в каждом известном центре разведки. Но об их деятельности очень мало кому известно. Как и о тайных агентах в уголовном розыске. Понятно, что большинство преступлений раскрывается с помощью платной и негласной агентуры среди уголовников. Причем часто сотрудники милиции должны покрывать своих «агентов», разрешая им некоторые преступления, чтобы они выдавали им те, которые необходимо раскрыть. В общем, существует система негласных договоров между сотрудниками милиции и их «агентами». Нигде и никто не имеет права об этом писать, тем более выдавать сведения об агентах посторонним. Это самая строгая служебная тайна.

Примерно такая же тайна — и наличие «вольных стрелков». Все знали, что существует Первое Главное управление. Это была элита КГБ — ее внешняя разведка. Затем было Второе Главное управление — контрразведка. Третье управление занималось военной контрразведкой. Четвертое — транспортом. Пятое — вопросами идеологии и защиты конституционного строя. Шестое — вопросами экономической контрразведки и промышленной безопасности. Седьмое — наружным наблюдением. Восьмое — связью и шифровальной службой, в общем, можно долго перечислять управления и отделы. Девятое управление занималось охраной членов Политбюро и правительственных объектов.

Но в каждой службе есть своя система безопасности. Или своя «специальная инспекция». Существовала она и в КГБ, подчиняясь непосредственно высшему руководству организации. А еще было мобилизационное управление, которое тоже занималось различными вопросами, связанными с возможными действиями КГБ в нестабильный период агрессии противника или объявления войны. На стыке мобилизационного управления и специальной инспекции и был создан отдел, о существовании которого знали только высшие сотрудники КГБ СССР. О нем не докладывали даже в Политбюро, о нем не могли знать даже руководители разведки или контрразведки, не говоря уже об остальных высших офицерах.

Разведчики вообще, как правило, действуют под прикрытием различных организаций. Например, МИДа, что, в общем, понятно. В любом посольстве работают представители спецслужб под дипломатическим прикрытием. Работают они также и в различных представительствах разных зарубежных компаний, занимающихся экспортом и импортом. Ничего нового я не открываю. Среди служащих Интуриста, Внешторга, посольств, среди собственных корреспондентов газет и журналов всегда было до пятидесяти процентов сотрудников спецслужб. Иногда даже больше. И учтите, что в СССР была еще такая очень «уважаемая» организация, как ГРУ, о существовании которой вообще старались не упоминать.

Таким образом, во многих организациях сидели негласные офицеры КГБ. Они могли работать под любым прикрытием. Например, кадровый офицер разведки мог руководить Домом дружбы в какой-нибудь стране или быть проректором универ‌‌‌‌‌‌ета по связям с иностранцами. В общем, все, что хотите. Но «вольный стрелок» — это совсем другое. Это офицер без связей и без агентуры. Этот человек формально предоставлен сам себе, но устроен на работу в какую-то определенную организацию. Он может быть кем угодно — ученым, врачом, инженером, строителем, партийным работником, даже сотрудником полиции или прокуратуры. Может быть талантливым художником или писателем, актером или режиссером. Но никто не должен знать, что параллельно он еще и сотрудник спецслужбы, готовый в любой момент применить свои профессиональные навыки. Это как заряженный пистолет, готовый выстрелить в любую секунду. Самое важное, чтобы там оказался полный магазин. В решающее время и в решающий момент. Я знал одного преподавателя в нашем институте, который всю войну проработал дворником. Можете себе представить? Кадровый офицер, орденоносец, подполковник. И четыре года работал дворником в ГУМе. Знаете почему? Он должен был фиксировать появление любого неизвестного и находиться среди работников ГУМа, где мог оказаться и немецкий шпион. Четыре года трудиться дворником. Можно сойти с ума! Он не сошел. Получил после окончания войны звание полковника и орден Красного Знамени. Вот так. И не говорите, что его труд никому не был нужен.

«Вольный стрелок» — это засекреченный агент, о существовании которого никто не подозревает. Ни один человек, даже его собственная жена и дети, его родители и друзья, его любовница и его начальник. Никто. Ни один человек, кроме него самого. Он должен быть готов работать всю свою жизнь «дворником» без права быть узнанным или выдать себя каким-то другим образом. Он может выйти на пенсию, и никто не узнает, чем он занимался на самом деле всю свою жизнь. Если хотите, это особая психология нелегала, когда ты внедрен на всю свою жизнь не в чужую среду, а в свою собственную. И я не знаю, что тяжелее. Вернее, я уверен, что одинаково трудно работать и за рубежом, и в собственной стране.

Одним словом, в конце восемьдесят восьмого года я получил диплом и распределение на работу. И знаете, куда я попал? В жизни не поверите. Меня решили оформить сотрудником одного из музеев Москвы. Вот так. И я отправился на работу, где мне платили сто девяносто рублей. В конце восемьдесят восьмого. И еще четыреста как офицеру КГБ. Этих денег мне не хватало. Очень не хватало. Тогда начали открываться первые кооперативы, и люди зарабатывали уже тысячи, десятки тысяч, сотни тысяч рублей. А я даже не мог предполагать, что со мной произойдет и как изменится моя жизнь. Она изменилась скоро, уже через несколько месяцев. Но обо всем по порядку.

Зовите меня Исмаилом. Помните, гениальный роман Мелвилла «Моби Дик» начинается именно этими словами? Но меня на самом деле зовут Исмаилом. Фамилия Сафаров. Мать у меня грузинка, а значит, я наполовину православный. Отец — азербайджанец, и выходит, что наполовину я мусульманин. На грани двух культур и двух религий я и родился. А если учесть, что получил русское образование и советское воспитание, то у меня были три языка, три культуры и три религии. Ведь коммунистическая религия по своему воздействию была ничуть не хуже остальных. И сыграла огромную роль в ушедшем веке. И знаете, почему меня отправили «вольным стрелком»? Коэффициент моего интеллекта зашкаливал за сто шестьдесят единиц. В руководстве КГБ решили, что такого выпускника лучше использовать на особой работе.

Самое обидное, что другие ребята, у которых был вполне «обычный» коэффициент интеллекта, попали на хорошие должности в зарубежные посольства и прослужили там много лет. Иногда я думаю, что мне нужно было прикинуться дурачком и не так успешно сдавать выпускные экзамены. А с другой стороны, разве я имею право жаловаться? Моя жизнь была интересной и насыщенной. Мне повезло многое увидеть, принять участие в основных событиях ушедшего века. Поэтому я ни о чем не должен жалеть, не имею права. Но порой, когда мне бывает особенно грустно, я вспоминаю свое распределение и думаю, что моя жизнь могла сложиться совсем иначе. Однако произошло то, что должно было произойти. Верующие люди уверены, что все определяет Бог. Атеисты считают, что все записано в наших генах. Фаталисты предполагают, что все предопределено и ничего изменить невозможно. Учитывая, что я последовательный агностик, мне кажется, что эта странная тема и некоторая предопределенность безусловно существуют. Но с другой стороны — человек сам творец собственной судьбы, и мы, сами зачастую не подозревая об этом, выбираем единственно правильную дорогу в жизни. Или единственно неправильную. Это определяется только в конце пути. Только в конце...

ЛОНДОН. ВЕЛИКОБРИТАНИЯ. ТОТ САМЫЙ ДЕНЬ

Я работал помощником Артура Абрамова, известного олигарха, сбежавшего из Москвы несколько лет назад и осевшего в Лондоне. Мы сбежали с ним вместе, вернее, сначала сбежал он, а потом к нему примкнул и я. Так мы и работали вместе. А в этот летний день он позвонил мне раньше обычного. Артур обычно просыпался к полудню, сказывалась его насыщенная ночная жизнь. Он старше меня на два года, ему было уже сорок четыре, но вел он себя так, словно ему лишь недавно стукнуло двадцать. Учитывая, что у него была жена и трое детей, его образ жизни представлялся несколько фривольным для такого солидного бизнесмена, каким он хотел всем казаться. Я уже привык к тому, что он не просыпался раньше двенадцати. К тому же его семья в тот момент отдыхала в Италии и он мог позволить себе расслабиться. Но в этот день он позвонил мне уже в половине девятого утра, разбудив меня своим неожиданным звонком.

— Ты спишь? — спросил Артур обычным глуховатым голосом.

— Уже нет. — У меня с ним были хорошие, доверительные отношения. Мы знали друг друга много лет, и он мог на меня положиться. А я мог немного поворчать: все-таки обидно, когда тебе звонят в половине девятого утра.

— Просыпайся, — рассмеялся Артур, — у меня к тебе важное дело.

— Об этом я уже догадался. Что мне нужно сделать?

— Окончательно проснуться, умыться, почистить зубы и приехать ко мне в офис. У тебя есть полчаса.

Если учесть, что ехать мне минут двадцать или двадцать пять, времени у меня не было совсем. Но почему он сам так рано приехал в офис? И почему такая спешка?

— Я могу позавтракать или выпить чашечку кофе? — поинтересовался я у моего шефа, уже выпрыгивая из кровати.

— Нет, выпьешь кофе у меня. Я сижу в кабинете. Срочно приезжай. Я уже вызвал Сандру, она сейчас будет.

Сандра — его секретарь. Если Артур позвал и ее, значит, дело действительно важное. Вообще, он не любил появляться в своем кабинете раньше двух. О его привычках знало все окружение. И тем не менее сегодня он уже сидел в кабинете. Значит, мне тоже нужно было спешить.

— Буду через полчаса, — коротко согласился я и побежал в ванную комнату бриться.

Вы не поверите, но уже через семь минут я сидел в машине, направляясь в центр Лондона на встречу с Артуром. Обычно по утрам в Лондоне пробки, но летом бывает немного легче, чем в другие времена года. И уже через двадцать семь минут я был в нашем офисе на Риджент-стрит. Оставил машину в подземном гараже, поднялся на четвертый этаж в офис моего шефа.

Он любил носить дорогие костюмы, сшитые на заказ. Каждый его костюм стоил пять тысяч долларов. Я это точно знал, так как сам привозил эти счета. И его коллекционные галстуки. У него было достаточно красивое, породистое лицо, высокий рост, хорошая шевелюра, умный, цепкий взгляд. Впечатление немного портили выпученные серые глаза. Но в общем Артур нравился женщинам. К тому же он обладал несколькими миллиардами долларов. А вы когда-нибудь встречали женщину, которой мог бы не понравиться мужчина с несколькими миллиардами долларов в кошельке? Я лично таких не встречал. При таких деньгах не суть важно, какого мужчина роста и насколько симпатичен. Ему достаточно встать на свой кошелек, и он сразу превращается в лучшего красавца Европы с вполне атлетическим сложением.

Сандра недовольно кивнула мне, когда я проходил мимо нее. При зарплате в две тысячи фунтов эта нахалка появлялась в офисе только в полдень и уходила к семи часам вечера. Я подозревал, что иногда она оказывала нашему шефу некоторые другие услуги, уж очень у нее была смазливая мордочка и хорошая фигура. Но меня она почему-то не очень любила. Может, ревновала к шефу, а может, понимала, насколько я ему нужен. Артур при всех своих талантах так и не сумел, в отличие от меня, овладеть английским в совершенстве.

Я вошел в кабинет, когда он говорил по телефону. Артур сделал приглашающий жест, разрешая мне устроиться на его итальянском диване из чистой кожи. Мне было точно известно, что за мебель в своем роскошном кабинете он заплатил около четырехсот тысяч долларов. И мне лично казалось, что это некоторый перебор. За такие деньги можно было купить небольшую квартиру, но для Артура такая сумма уже давно не была деньгами.

Он положил трубку и с улыбкой посмотрел на меня:

— Успел приехать? Молодец.

— Чуть не ударил машину, — честно признался я. Хотя моя машина принадлежала ему и он оплачивал мне парковку, страховку, все расходы по содержанию автомобиля. У меня был роскошный «БМВ» пятой серии, с одним недостатком, вполне объяснимым в Великобритании: руль находится с правой стороны, и я никак не мог к этому привыкнуть.

— Вычту из зарплаты, — захохотал Артур. Ему смешно. При желании он мог купить себе тысячу подобных машин и утопить их в Ла-Манше, или как его называют англичане — Английском канале.

Я ждал, когда он наконец заговорит, зачем меня позвал. Сандра внесла на подносе две чашечки с кофе. У Артура всегда был изумительный кофе, и я с удовольствием принял чашечку из рук Сандры, машинально отметив, какая у нее гибкая фигура и хорошая грудь. И почему она меня не любила? Самое обидное, что женщины обычно относятся ко мне очень неплохо. Но эта особа на меня даже не смотрела. Она вышла из кабинета, оставив легкий аромат парфюма. Артур проводил ее долгим взглядом и подмигнул мне.

— Сандра тоже недовольна, что я вытащил ее так рано на работу, — сообщил он.

Но он мог бы мне этого и не говорить. Все было написано на ее лице. Между прочим, в приемной еще сидел и Владик — личный телохранитель Артура и начальник его охраны. У Владика было вытянутое лицо, маленькие неприятные глаза, мелкие, острые зубы, а потому несмотря на широкие плечи и накаченные мускулы он походил на большую крысу. Раньше Владик работал в милиции, возглавлял отряд ОМОНа. Говорят, что он лично забил двух людей до смерти. Я вполне верю, потому что он был жестоким и злопамятным. И еще очень подозрительным. Понятно, что Владик меня тоже терпеть не мог, считая, что я провожу с Артуром чересчур много времени и тот мне доверяет слишком много личного. Но здесь он ничего поделать не мог. Артур относился ко мне очень хорошо, помня наши отношения с момента нашего знакомства.

— У меня к тебе важное дело, — сообщил наконец Артур. — Я хочу, чтобы ты сегодня утром встретил в аэропорту одну мою знакомую и привез ее в отель. Но об этом никто не должен знать. Она прилетает в Гэтвик в одиннадцать часов утра. Тебе нужно ее встретить, привести в «Дорчестер», устроить. Номер там уже заказан, и ключи должны быть у тебя до того, как ты поедешь в аэропорт. Чтобы она не ждала на регистрации. Ты сразу проводишь ее в номер и затем подождешь внизу, часа два или три. Когда она выйдет, отвезешь ее в Гэтвик. Все понял?

— Да. Только я могу не успеть забрать ключи. — Я посмотрел на часы. — Может, сделаем иначе? Я подъеду с ней к отелю и возьму ключи, пока она будет в машине. А потом мы поднимемся в номер.

— Так тоже можно, — согласился, чуть подумав, Артур, — но самое главное, чтобы ее никто не увидел. Ни один человек, кроме тебя. Она поэтому и прилетает в Гэтвик, чтобы никто об этом не знал. Прилетит из Испании. Вот здесь записан номер ее рейса, — он протянул мне лист бумаги, — постарайся запомнить и верни мне эту бумагу. Все понял?

— Конечно понял. Я могу задать вопросы?

— Можешь. Только быстрее.

— Как я ее узнаю?

— Я дам тебе ее фотографию, — усмехнулся Артур. — Но думаю, что ты ее узнаешь. Ты ее часто видел в газетах и журналах. Хотя она будет в темных очках. Она прилетит в сером брючном костюме. В руках у нее будет сумочка от Шанель. Запомнил?

— Все сделаю. Мне нужно ей что-то сказать?

— Нет. Здрасьте и до свидания. Если задаст вопросы, можешь отвечать. Не более того. Сам ничего не спрашивай. Стекла в машине подними, они у тебя тонированные, никто не должен видеть твою пассажирку в салоне. И хотя она курит, все равно не открывай окна, особенно когда будешь в центре города.

Я снова глянул на бумагу и вернул ее Артуру. Он спрятал ее в кармане. Затем открыл ящик своего стола, вытащил фотографию и протянул ее мне. Я сразу узнал эту женщину. Она действительно время от времени появлялась в газетах и журналах, даже в британских. Известная актриса, которая вышла замуж за члена правительства. Только этого мне и не хватало! Но теперь я понял, почему такая секретность. Ведь ее муж был одним из самых влиятельных людей в Москве, а Артур формально считался сбежавшим эмигрантом, который получил политическое убежище в Великобритании и на экстрадиции которого настаивал Кремль. В том числе и муж этой дамы. Я представил, что могли бы написать журналисты, если бы вдруг узнали о встрече супруги известного политика с Артуром Абрамовым. Страшно даже подумать, какие заголовки замелькали бы в газетах.

— Узнал? — спросил меня Артур. Он видел, что я колеблюсь, и понял, что я узнал эту женщину.

Мне платили зарплату за мои мозги, а не за мускулы, как у Владика, и не за сексапильную фигуру, как у Сандры.

— Да. — Я вернул ему фотографию.

— О ее визите должен знать только один человек, — строго предупредил меня Артур, — и этот человек — ты, Исмаил. Если когда-нибудь и где-нибудь вдруг всплывет эта информация, я буду знать, кто виноват. Кроме тебя, об этом не будет знать никто.

— Я все сделаю. — Вот ради таких историй меня и прислали в Лондон. И вообще столько лет держали в «вольных стрелках». Ведь все началось еще семнадцать лет назад, в далеком восемьдесят девятом, когда меня впервые прикрепили к другому известному политику...

ГОД ТЫСЯЧА ДЕВЯТЬСОТ ВОСЕМЬДЕСЯТ ДЕВЯТЫЙ

Вы помните этот «р-революционный год»? Как интересно он начинался, какие события тогда происходили!.. По всей стране начались выборы делегатов на съезд народных депутатов СССР. Митинги, конференции, общие собрания... Казалось, весь народ проснулся от многолетней спячки и спешил проявить свою политическую активность. Газеты выходили уже многомиллионными тиражами, и их невозможно было достать. «Московские новости» стали рупором перестройки. У здания редакции на улице Горького толпились молодые люди, которые обсуждали новые статьи «Московских новостей» прямо у газетного стенда.

В музее, где я тогда работал, меня выдвинули в избирательную комиссию нашего района. Я сопротивлялся как мог. Мне совсем не хотелось оказаться в этой комиссии уже через несколько месяцев после начала моей работы в музее. Я сидел в отделе в качестве младшего научного сотрудника и был доволен своим положением. Хотя не так. Я делал вид, что вполне доволен своим положением.

Но меня все же выдвинули в эту комиссию. А потом рекомендовали на работу во Дворец съездов, куда набирали молодых людей в помощь будущим депутатам. Здесь, конечно, не обошлось без вмешательства моих настоящих руководителей. Дело в том, что на этот съезд впервые выбирали депутатов не так, как во всем мире.

Вы сейчас этого уже не помните, но тогда была предложена уникальная схема.

Семьсот пятьдесят человек выбирали от территориальных избирательных округов с равным количеством населения, следующие семьсот пятьдесят — от национально-территориальных округов, где, конечно, были дикие диспропорции. И наконец, еще семьсот пятьдесят человек от так называемых общественных организаций. А так как общественными организациями считались все зарегистрированные в СССР общества, то можете себе представить, как проходили выборы? Но в общем, на съезд избрали две тысячи двести пятьдесят человек.

Что было потом, видел весь мир. Мне кажется, что во время телевизионных передач со съезда рейтинги зашкаливали. Кажется, вся страна смотрела эти выступления. Ведь впервые разрешили говорить то, что думаешь. Выступать, не согласовывая свои выступления с секретарем партийного комитета. Говорить от души, а не с листа. В общем, вести себя так, как хочется.

И какие это были выступления! Среди двух с лишним тысяч человек особо выделялись человек двадцать, которые умели говорить лучше остальных и часто этим пользовались. Ни один футбольный матч, ни один концерт не собирал таких аудиторий. Люди отрывались от работы, от отдыха, от всяческих дел, только для того, чтобы увидеть по телевидению новые репортажи со съезда.

Из числа депутатов был избран постоянно действующий Верховный Совет. Сейчас некоторые постановления того съезда воспринимаются с улыбкой, но тогда всем было не до шуток. Следователи Гдлян и Иванов обвинили всесильного секретаря ЦК КПСС Егора Лигачева, фактически ставшего главным идеологом после Суслова, в коррупции. Как это было мужественно и красиво — обвинить такого человека, не побояться бросить ему вызов!

Но с другой стороны — все эти телодвижения скорее походили на шоу, чем на реальную политику. Нужно было хотя бы один раз увидеть Лигачева, чтобы понять, насколько абсурдны были эти обвинения. Это был абсолютно честный и порядочный человек, фанатик коммунистического служения, который не смог бы стать коррупционером ни при каких обстоятельствах. Но его обвинили, и на весь мир прозвучали слова о его причастности к коррупции в верхних эшелонах власти. Зерно сомнения в чистоплотности членов высшей партийной элиты страны было посеяно. А в это время другие коррупционеры сидели рядом с ним в президиуме и, улыбаясь, голосовали за проверку его деятельности.

Дальше — больше. Было принято специальное постановление о создании Комиссии Верховного Совета СССР по рассмотрению привилегий, которыми пользовались отдельные категории граждан. Можете себе представить, как смешно это выглядит сейчас, когда у «отдельных категорий» граждан есть возможность покупать яхты и виллы, самолеты и вертолеты, замки и поместья? Ну, предположим, что это бизнесмены. И во всем мире эти люди зарабатывают себе деньги на подобную жизнь. Но наши бизнесмены получили свои миллиарды за несколько лет явно не трудовым путем. Уже не говоря о наших чиновниках, которые являются государственными служащими. Самое поразительное, что все большие состояния делались как раз на близости к власти. Это теперь уже никого не удивляют такие факты, что заместитель министра может позволить себе купить дом в Лондоне или что в квартире арестованного мэра одного из сибирских городов валялись неучтенными пятьдесят миллионов рублей, а о местах, где были разложены наличными два миллиона долларов, он даже забыл. Не знал, куда девать деньги? Вот такие теперь «привилегии». Сейчас смешно и грустно, а тогда страсти кипели всерьез.

Самая громкая комиссия была создана для рассмотрения событий, произошедших девятого апреля в Тбилиси. Ее возглавил видный юрист, сумевший популистскими и пространными выступлениями завоевать небывалый авторитет. На фоне мычащих партийных чиновников этот человек выглядел эффектно. Мы все были немного в него влюблены. И когда мне предложили поехать в Тбилиси в качестве переводчика, я с удовольствием согласился. Вы не забыли про мою маму грузинку? Я ведь хорошо знал грузинский язык. И меня послали в Грузию вместе с комиссией Верховного Совета. Только не вспоминайте, что я был сотрудником КГБ. В бывшем Советском государстве в каждой комиссии были сотрудники или осведомители КГБ, а в создаваемых народных фронтах во всех республиках было столько платных и негласных агентов КГБ, что если когда-нибудь будет опубликована эта статистика, то придется заново пересматривать недавнюю историю новых государств на постсоветском пространстве. Даже многие будущие президенты и премьеры были осведомителями КГБ.

Мы прилетели в Тбилиси и работали там больше двух недель. Опрашивали пострадавших, встречались с родственниками погибших, разговаривали с представителями вооруженных сил. Если коротко вспомнить эту трагедию в Грузии, то официальная версия выглядела примерно так. К началу апреля в Тбилиси начали собираться толпы людей, требующих восстановления национальной независимости и выхода Грузии из состава СССР. Митинги начались четвертого апреля и в течение нескольких дней достигли своего пика. Тысячи людей скандировали лозунги о независимости. И конечно, как бывает в подобных случаях, партийное руководство просто испугалось идти на диалог, решив спрятаться за спиной Советской армии.

И против мирных демонстрантов бросили солдат. Были жертвы, в основном пострадали молодые девушки, женщины, несколько пожилых людей. Их хоронили всей республикой. Траурная процессия стала вызовом местной власти. После нее в Грузии уже ничто не могло предотвратить приход к власти нового лидера, которым стал Звиад

Гамсахурдиа. Но самое поразительное, что комиссия полностью поддержала версию митингующих. В заключении комиссии было сказано, что произошедшее в Тбилиси не исключительно «грузинское» явление, а глобальное столкновение перестройки с противоборствующими ей силами. Вот такое идиотское заявление. Уже тогда все понимали, что ни в какую перестройку грузины не верили. Они требовали выхода из Советского Союза и национальной независимости. А им вместо этого подсунули вот такие выводы.

Вместе с членами комиссии я беседовал с людьми, часто переводил их взволнованные диалоги. И постепенно понял, что же на самом деле там произошло. Когда войска двинулись очищать площадь, началась обычная в таких случаях давка. Люди оказались не готовы к такому противостоянию, никто не верил, что солдаты получат приказ очистить площадь. И тогда в результате паники и давки пострадали в основном молодые женщины, которые были зажаты в этой толпе. Их смерть оказалась безусловным итогом катастрофического противостояния, и это правда. Но их никто не бил саперными лопатами, не избивал дубинками. Комиссия вынесла не только некомпетентное, но и глубоко оскорбительное для грузинского народа решение. Однако тогда, в горячке, никто даже не подумал оспаривать ее заключение. Руководивший комиссией юрист из Ленинграда вернулся триумфатором. Все были довольны.

В заключении комиссии было признано, что войска применяли саперные лопаты и дубинки, избивая и убивая людей. Но во время апрельского противостояния погибли в основном молодые женщины. И что же получилось? Что грузинских женщин избивали саперными лопатками и дубинками, а грузинские мужчины убегали от солдат, подставляя своих жен и дочерей? Вы можете поверить в такую чушь? В подобную дикость? Грузинская кровь моей матери не позволяет мне признать этот вымысел за правду. Все было ясно уже тогда. Но всем так хотелось верить в эту комиссию и в ее благородного председателя. Наш бравый юрист так здорово выступал, так убедительно говорил! Самое поразительное, что в зале находился будущий президент России, который тоже внимательно ознакомился с выводами комиссии. И мы сумели дать ему объективную информацию о событиях в Тбилиси.

С этого дня он невзлюбил юриста из Ленинграда и не любил его даже тогда, когда последний стал мэром Северной столицы.

Мы вернулись в Москву, и на меня впервые вышел мой куратор, с которым мне отныне предстояло работать — такой милый старичок, похожий на пенсионера из соседнего двора. А ведь он был генералом и долгие годы возглавлял аналитические службы. У него всегда была добрая улыбка и какой-то мягкий, ироничный взгляд. Только иногда эти глазки вспыхивали огнем, выдавая такую реакцию, что мне становилось страшно. Этот человек прошел войну и сталинские лагеря, работал нелегалом и возглавлял крупное аналитическое управление. Уже много лет спустя я узнал, что он имел три ордена Красного Знамени и был героем Советского Союза. Но его фамилию нельзя называть до сих пор. И поэтому я ее не назову. Но вспомнить его добрым словом просто обязан. Назовем его Петром Петровичем. Он предложил мне перейти на постоянную работу в Верховный Совет, где я стал референтом Председателя Верховного Совета. Конечно, для двадцатишестилетнего молодого человека это была большая должность. И никто даже не подозревал, что я на самом деле капитан специального отдела Комитета государственной безопасности и прикреплен сюда в качестве «вольного стрелка», который обязан быть в курсе всего происходившего в стране и в ее высшем законодательном органе.

ЛОНДОН. ВЕЛИКОБРИТАНИЯ. ТОТ САМЫЙ ДЕНЬ

Я вышел из кабинета, сопровождаемый неодобрительным взглядом Сандры и несколько презрительной ухмылкой Владика. Сандра меня отчасти ревновала, а отчасти не любила именно из-за того, что я часто заменял Артура в его кабинете, заставляя ее делать ту или иную работу для Абрамова. В конце концов, я ведь старался не для себя. Что касается Владика, то с ним тоже все было понятно. Он считал меня просто нахлебником и никчемным интеллигентиком, который находился рядом с его боссом в виде ненужной приживалки. Владик привык полагаться на свои руки и мускулы, хотя нужно отдать ему должное — он был хитрым и опасным человеком. Но меня он откровенно презирал, и это меня устраивало. Когда вас так сильно не уважают, это означает, что вас не боятся. И не видят в вас серьезного соперника, что мне и было нужно.

Странно, что Артур не послал со мной никого из своих охранников. У Владика под рукой всегда было человек пять или шесть накаченных мускулами ребят, готовых сделать любую работу. Не хочу намекать, чтобы меня не привлекли к английскому суду, но когда один известный английский журналист написал статью-расследование о моем шефе, тот послал к нему ребят Владика. И они под видом обычных скинхедов очень «деликатно» отдубасили этого журналиста. Причем били его со знанием дела, чтобы не оставлять особых следов. Но побили очень сильно и больно. Журналист все понял и больше не писал статей об Артуре. А мой шеф даже послал ему чек на очень приличную сумму. Журналист посчитал, что это деньги на лечение, и принял взятку как должное. С тех пор они стали друзьями.

Я человек, не верящий в мистику, но видимо, все-таки есть что-то значительное в имени Абрам. Честное слово, это правда. Вспомните, что в Лондоне самым богатым олигархом является губернатор Чукотки Роман Абрамович, а самым скандальным олигархом — Борис Абрамович Березовский.

Ну а самым гламурным и подозрительным олигархом был Артур Абрамов. Вот такая мистика.

По дороге в аэропорт я позвонил в отель «Дорчестер». Это один из самых роскошных отелей на Парк-Лейн, если не самый роскошный. И выяснил, что на мою фамилию там уже снят сьюит, причем его оплатили на два дня. Ничего удивительного, Абрамов мог купить весь отель на два дня. Значит, с номером проблем не будет. В этом отеле вообще не бывает проблем. Ведь чем дороже отель, тем четче работает вся его система. Вы можете снять номер по телефону, оплатить его кредитной карточкой и вообще там не появиться. У миллиардеров свои причуды, и в таких местах это хорошо понимают.

Я направился в аэропорт Гэтвик. Ехать туда около полутора часов, если нет автомобильных заторов. Но по утрам их обычно не бывает.

Интересно, что Артур сказал мне о приезде актрисы только сегодня утром, а заказал номер накануне вечером. Значит, уже знал, что она прилетит. Я мог только догадываться, какие у них отношения. Я знал, что ее муж — один из самых известных людей в современной России, что он развелся с прежней женой четыре года назад и примерно три года назад женился на этой актрисе. Тогда об их свадьбе написали все газеты. И повсюду обсуждался новый брак члена правительства с женщиной, у которой он был уже третьим мужем.

И вот она решила прилететь в Лондон к Абрамову. Учитывая, какие громы и молнии метал ее муж в сбежавшего олигарха, как он лично его преследовал, такая поездка супруги чиновника показалась мне не только недальновидной, но и откровенно провокационной. Интересно, зачем ей нужна эта встреча? Неужели она влюблена в кошелек Абрамова? Нет, не похоже. Ее муж достаточно влиятельный и богатый человек. Да и сама актриса очень неплохо зарабатывает и может позволить себе оставаться независимым человеком. Тогда зачем она сюда прилетает? И ведь летит не из Москвы, а из Испании, куда, очевидно, прилетела на отдых.

Я знал, что ей уже за сорок. Так, может, сказывается возраст? Возможно, ей приятно, что такой известный покоритель женских сердец, как Артур Абрамов, решил обратить на нее внимание? Все возможно, хотя я все равно не понимал мотивов ее поступка. Она могла встречаться с любым другим человеком, но не с Абрамовым, которого так ненавидел ее муж. И зачем она так рискует? Вот вопрос, на который я не находил ответа.

Попытался я понять и позицию моего босса. А ему зачем нужна эта встреча со стареющей актрисой? Не спорю, она эффектная женщина и выглядит очень неплохо. Но ей уже за сорок. Он без проблем мог бы найти себе женщину помоложе. Или вообще другую женщину. У него такие возможности и столько женщин, готовых прилететь в Лондон по его первому зову! И столько среди тех, кто его окружает, молодых и красивых. На худой конец существует Сандра. Она с огромным удовольствием провела бы с ним уикенд в «Дорчестере». Эта молодая женщина без комплексов готова удовлетворить все его причуды. Да и сотня других актрис, топ-моделей, просто красивых женщин ждут не дождутся, когда он согласится с ними встретиться. И вдруг такой пассаж!

Зачем ему такой риск? Или есть особое удовольствие в том, чтобы наставить рога своему политическому противнику? Унизить его таким необычным образом? Нет. Абрамов умный человек. Он понимает, что супруг актрисы может превратиться в неуправляемого монстра, ревнивого и обидчивого мужа. А при его возможностях это очень опасно. Просто смертельно опасно для Артура Абрамова. Но тогда почему? Почему они готовы встретиться? Нет, такая встреча не может быть обычной любовной интрижкой — пришел я в конце концов к выводу.

Мимо пронесся серебристый «Мерседес». Сидящая за рулем дамочка приветливо мне улыбнулась. Здесь вообще столько красивых женщин! Если бы это была обычная встреча, Артур послал бы за ней кого-нибудь из своих водителей или охранников. Или самого Владика. Но он выбрал меня. Я понимаю, что он мне доверяет, но не слишком ли деликатную миссию на меня возложил? О чем они будут говорить? Почему она прилетает только на несколько часов? Почему они вообще встречаются? Почему он сам не поехал в аэропорт, где может с ней встретиться? Там ведь тоже есть подходящие отели. В Гэтвике есть и «Меридиан», и «Хилтон». Там вполне можно снять номер. Но он предпочел заказать сьюит и отправить меня за ней в аэропорт. Почему? Что скрыто за этой встречей? Какая тайна?

Если бы я все знал, то, возможно, развернул бы машину и уехал бы в другую сторону. Или в другой аэропорт, чтобы улететь из Англии. Но я не мог ничего знать. Я мог только предполагать. И поэтому я ехал навстречу моей судьбе, даже не подозревая, что вскоре начнутся самые трагические события в моей жизни. И будет много крови. В моей жизни уже были времена, когда я видел много крови. Были времена, когда кровь лилась на улицах и площадях моего родного города. Это было так дико и так неожиданно... Страшные воспоминания об этом до сих пор иногда преследуют меня по ночам.

ГОД ТЫСЯЧА ДЕВЯТЬСОТ ДЕВЯНОСТЫЙ

Этот год начался действительно страшно, словно предупреждая нас, что все девяностые годы будут окрашены кровью. Для меня это была еще и личная трагедия. В январе девяносто года в Баку погибло очень много людей. Но обо всем по порядку.

Я работал в Верховном Совете, когда президент Горбачев принял решение отправить в Баку своих представителей Примакова и Гиренко. А вместе с ними направили и меня, вспомнив, что я вырос в Баку, знаю местные обычаи и могу оказаться полезным. Мы прибыли туда в самые тревожные дни. Я ходил по моему родному городу, по знакомым с детства улицам, встречал людей, которые, казалось, не хотели меня узнавать. Словно какой-то вирус их поразил. Это «вирус» назывался Нагорный Карабах. Как же нужно было запустить проблему, до какой степени довести противостояние двух соседних народов — азербайджанского и армянского, чтобы получить такой накал страстей! Каждая сторона выдвигала свои обвинения, каждая считала свою позицию абсолютно правильной. И здесь я просто обязан высказать свое мнение. И не потому, что меня зовут Исмаил Сафаров.

Первый звонок о развале Советского Союза прозвучал именно в Нагорном Карабахе в конце восемьдесят седьмого, начале восемьдесят восьмого годов. Это был пробный полигон не только для огромной страны, но и для всех остальных стран Восточной Европы. Если можно в одном месте, почему нельзя в другом? Это был пробный шар, запущенный для развала всей Восточной Европы, для развала Советского Союза.

Ради справедливости отмечу, что Президиум Верховного Совета СССР рассмотрел этот вопрос летом восемьдесят восьмого года и принял единственно правильное решение: пересмотр границ может привести к непредсказуемым последствиям, вызвать очевидное противостояние, создать новые очаги конфликтов. Если бы тогда удалось претворить в жизнь это постановление! Но во главе государства стоял обычный демагог, слабый и непоследовательный. Горбачев был просто не готов руководить огромной страной, управляя фактически половиной мира. Он не был твердым властелином, каким обязан был быть по своему статусу. Речь идет не о диктатуре, а об элементарном умении управлять и руководить государством. Каждый раз, когда происходили кровавые события в Тбилиси, Вильнюсе, Риге, Сумгаите, Баку, выяснялось, что Горбачев «не в курсе» и его подвели нерадивые помощники. Его заявления уже вызывали смех и ярость людей, но он по-прежнему играл эту глупую роль.

Я часто задаю себе вопрос: как могло такое произойти? Как во главе огромной страны мог оказаться такой недалекий, слабый, нерешительный человек? И не нахожу ответа. Он получил хорошее образование в одном из лучших вузов страны. Сумел сделать блестящую карьеру, став одним из самых молодых членов Политбюро во времена, когда засилие там старцев казалось незыблемым. Он был продуктом этой системы. Но почему тогда оказался ее могильщиком?

Нужно исследовать всю его жизнь в развитии. Понять, что он был человеком достаточно мягким, попадающим под чужое влияние. Здесь безусловно сказалась и негативная роль его жены, которая умела манипулировала своим мужем. Сказалась и многолетняя оторванность Горбачева от центра, его врожденный провинциализм. Но пока он был встроен в систему и был на подходах к высшей власти, его недостатки не особенно проявлялись. Ему хотелось перемен, хотелось войти в историю преобразователем. И он действительно вошел в историю. Но... могильщиком страны, в которой стал первым и последним президентом. Этот человек умудрился сдать все, что можно было сдать. Такого никогда не было в истории. Он сдал своих союзников по всему миру, сдал интересы своей собственной страны в этом мире, позволив Германии объединиться и войти в НАТО вопреки мнению британского премьера и французского президента. Он позволил другой стороне провозгласить себя победителями и начать мстить людям, которые искренне в него верили, считая его своим союзником.

Бывший руководитель разведки ГДР легендарный Маркус Вольф написал ему два письма, умоляя защитить бывших граждан социалистической страны от преследования в объединенной Германии. Горбачев ему даже не ответил. Десятки и сотни людей покончили с собой, попали в тюрьмы за верность системе, которую он сдал, но его не волновали такие «мелкие» проблемы.

Горбачев умудрился сдать свою собственную страну, переставшую существовать при его правлении. Он сдал свою партию, которая выдвинула его на высший пост в стране и которая тоже перестала существовать во времена его правления. Этот человек словно и появился для того, чтобы сыграть в мировой истории роль политического Герострата, умудрившегося за несколько лет кардинально изменить политическую карту мира.

В Нагорном Карабахе началась настоящая война, которую не смог и не захотел предотвратить центр. Более того. Послав секретаря ЦК Егора Лигачева в Баку, Горбачев его устами заявил, что пересмотр границ невозможен. В тот же день в Ереване другой секретарь ЦК — Александр Яковлев — объявил, что право народов на самоопределение — главный принцип перестройки. Можете себе представить, что началось?

Никто не мог даже представить, чем закончатся эти политические игры. В Нагорном Карабахе на этот момент проживало больше армян, чем азербайджанцев, и значит, они имели формальное право на отделение по Яковлеву? Но в состав области входил город Шуша, где азербайджанцев было больше, чем армян. Значит, согласно той же логике и они имели право выйти из состава области? Однако в городской черте Шуши находились деревни, в которых было больше армян. Значит, и они могли требовать отделения? Ситуация была доведена до абсолютного абсурда. И называлась неуправляемым распадом.

Он начался в Нагорном Карабахе, затем перекинулся на Абхазию и Осетию, продолжился в Приднестровье, вызвал кровавые противостояния в Ошской долине, стравил соседей в среднеазиатских республиках, породил проблему Крыма, разразился страшной войной в Чечне, кровавым конфликтом между осетинами и ингушами, раздробил

Югославию и расчленил Чехословакию, такому процессу достаточно было начаться, как он породил массу конфликтов, вызвав в памяти застарелые обиды. И вот уже потребовали расчленения Сербии косовские албанцы, отделения от Испании баски, от Франции — корсиканцы, даже северные итальянцы захотели отделиться от остальной Италии.

Интересно, что подобная абсурдная ситуация полностью проявилась в бывшей Югославии. В Хорватии и в Боснии были анклавы с сербским населением, и если республики требовали выхода из состава страны, то эти территории, населенные сербами, требовали своей автономии. Но в пределах этих территорий были города и деревни, где преобладали хорваты или мусульманские боснийцы, а значит, и они имели право отделиться от автономий. В Югославии началась трагическая война всех против всех.

Но первое побоище было устроено именно в Баку в черные дни января девяностого года.

Мы прибыли в город в самое страшное время. Никто и никогда не рассказал о нем полной правды. Я сейчас впервые это сделаю. Дело в том, что к тому моменту в Армении уже не осталось азербайджанцев. Все сто восемьдесят тысяч азербайджанцев, проживавших в соседней республике, были изгнаны из Армении при полном попустительстве местных властей. На следующий день после изгнания последней группы беженцев, многие из которых погибли во время длительных переходов, убежав из дома без теплой одежды, произошло страшное землетрясение, во время которого погибли тысячи людей.

Тема противостояния была на время отодвинута. Все бросились помогать Армении, попавшей в такую страшную беду. В том числе и ее соседи. Но тысячи беженцев, перебравшихся в Азербайджан, были уже свершившимся фактом. Они помнили, как их изгоняли из родных мест, из своих домов, заставив совершить многокилометровые марши по заснеженным горам. Рано или поздно эта масса людей должна была себя проявить. К тому же в Баку в это время ситуация стала просто неуправляемой. Местное руководство не пользовалось никаким авторитетом, и Народный фронт фактически шел к захвату власти.

В начале января произошли трагические события в Баку. До сих пор многие бакинцы полагают, что это была спланированная провокация. В самом интернациональном городе мира, который считался символом единения многих народов, живших в дружбе и согласии, начались армянские погромы. К чести бакинцев, надо заметить, многие из них защищали своих соседей. Жители города тысячами выходили на улицы, пытаясь противостоять провокаторам. Но пятьдесят шесть человек все же погибло. Это была трагедия всего многонационального Баку. Стоявшие в городе войска МВД и Министерства обороны фактически бездействовали. Так продолжалось несколько дней. Затем обстановку объединенными усилиями взяли под контроль местные власти и сознательная часть активистов Народного фронта.

Но было уже поздно. Маховик агрессии был запущен. К тому же среди активных деятелей Народного фронта оказалось много провокаторов, призывавших к противостоянию с армейскими частями. Во многих местах начали сносить границы с Ираном, вооруженные люди появились на улицах города. И тогда в город вошли танки. Они стреляли без разбора, убивая случайных прохожих, не разбираясь, в кого целятся. Даже если исходить из порочного и глупого тезиса, что все погибшие азербайджанцы оказались на тот момент экстремистами, то и тогда этому нет оправдания. Среди погибших были ученые из Академии наук, машину которых просто раздавили танками, и старики, и дети, и женщины. Многие погибли на балконах собственных домов, в своих квартирах. Среди погибших были не только азербайджанцы, но и русские, армяне, лезгины, евреи. Русский врач или еврейская девочка-подросток не могли никак считаться экстремистами. Но запущенный безжалостный маховик перемалывал всех.

Я был в городе в этот день и видел все своими глазами. Этого мне не забыть никогда. На улицах светлого, веселого, солнечного, всегда какого-то праздничного города лежали трупы. Десятки, сотни трупов. Вина за эту трагедию безусловно лежит и на тех, кто убивал невиновных людей, призывая к противостоянию с центром. Вина за эту трагедию лежит на растерявшихся местных властях, которые в любом случае отвечали за порядок в городе. Но по моему глубокому убеждению, более всех были виноваты люди, которые возглавляли страну. Если в вашей стране где-то безнаказанно убивают людей, если вошедшие в город ваши собственные армейские части безнаказанно давят танками и расстреливают сотни ваших сограждан, то вы как минимум лично несете ответственность за эту трагедию. В любой стране, при любом режиме, в любой век человеческой цивилизации. Так было и так будет всегда. Политик обязан отвечать за кровь своих граждан. Он пастырь, и вся ответственность на нем.

Я примерно представляю себе реакцию Горбачева. С одиннадцатого по тринадцатое января девяносто года он был в Литве, наивно полагая, что сумеет лично убедить литовцев не выходить из состава СССР, пересмотрев ряд уже принятых политических решений. И вернулся в Москву разочарованным, опустошенным. В этот момент ему доложили о событиях в Баку. И тогда он решил провести показательную карательную акцию. Повод более чем удобный. К тому же из КГБ ему сообщили, что три прибалтийские республики готовы провозгласить свою независимость. И самое неприятное, что активизировались Борис Ельцин и его сторонники по межрегиональной группе.

Вот тогда-то Горбачев и принял решение. Но эта акция уже ничего не могла изменить. А самого Горбачева за нее начнут презирать и ненавидеть даже его сторонники. После бакинской трагедии стало предельно понятным, что обречены и он сам, и страна, в которой могло произойти такое противостояние.

Знаете, что меня более всего поразило в том девяностом году? После бакинской трагедии, после того, как погибло столько людей, после пролитой крови в Фергане и Тбилиси, после изгнания сотен тысяч людей из своих домов, после противостояния, начавшегося в автономных областях Грузии, после фактического начала войны между Азербайджаном и Арменией, после всех этих событий пятнадцатого октября Горбачеву присудили Нобелевскую премию мира. По-моему, большего издевательства еще не было в истории. К чести самого Горбачева он понял, что ему нельзя появиться в Норвегии для получения этой премии. И он за ней не поехал. Но в историю вошел как лауреат этой премии. Вот такую награду он получил за то, что фактически сдал свою прошлую жизнь и все, что ему доверили беречь миллионы людей.

ЛОНДОН. ВЕЛИКОБРИТАНИЯ.
ТОТ САМЫЙ ДЕНЬ

Я приехал в Гэтвик минут за десять до приземления самолета. Говорят, что рано или поздно к этому отдаленному аэропорту тоже проведут линию метро. Пока между Гэтвиком и центром Лондона курсирует специальный экспресс, но со временем, вполне возможно, и сюда протянется линия метро, как в аэропорт Хитроу.

Мне предстояло терпеливо ждать у выхода, когда появится наша гостья. Я понимал, что багажа у нее с собой не будет. Ведь она прилетела всего на несколько часов. Хотя нельзя быть ни в чем уверенным, когда имеешь дело с дамой. Вполне могла привезти с собой два или три чемодана вещей. Женщины — существа непредсказуемые, а известные актрисы порой позволяют себе совершенно нелогичные выходки.

Поэтому я был готов к более долгому ожиданию. Но Татьяна Негачкова вышла одной из первых. И я сразу узнал ее, известную театральную актрису. Говорят, лет двадцать назад ею увлекался кто-то из членов Политбюро. Должен признаться, что нравилась она и мне. Высокая, стройная, с поразительно красивым голосом и аристократическими манерами. Мы с нею были почти ровесники, но тогда я был всего лишь студентом, а она уже известной молодой актрисой, успевшей сняться в нескольких фильмах еще во время учебы. Это уже потом, через несколько лет, она стала известной театральной актрисой, и на ее спектакли начала ломиться публика. А когда мне было двадцать, ей было то ли девятнадцать, то ли восемнадцать. Но как она нравилась всем нашим ребятам! Я любил все фильмы с ее участием. Она была для нас недоступной красавицей из другой, параллельной жизни.

Татьяна вышла из терминала и, не оглядываясь по сторонам, сразу пошла к выходу, абсолютно уверенная, что тот, кто ее встречает, сам к ней подойдет. Есть такая категория известных людей, которые умеют скидывать пальто или шубу не глядя назад. Они точно знают, что кто-то из стоящих за их спиной непременно ее подхватит. Умение не оборачиваться назад — отличительный знак «звездности». Я достал телефон и позвонил Артуру.

— Она прилетела, — коротко доложил я.

— Очень хорошо, — также коротко ответил он. — Вези ее в отель и не звони мне больше, пока вы не будете в «Дорчестере».

— Хорошо. — Я убрал телефон и быстро догнал нашу гостью, которая остановилась перед выходом и с кем-то уже разговаривала по телефону. Я деликатно подождал, когда она закончит разговор, и только потом подошел к ней.

— Госпожа Негачкова? — Я знал, что она не взяла фамилию мужа.

Она обернулась. Господи, какие у нее были синие глаза! Я даже подумал, что это линзы. И только потом вспомнил, что это ее настоящие глаза — они всегда были такими. Актриса была по-прежнему красива. Очень красива.

— Да, — сдержанно и с достоинством кивнула она, как и подобает королеве. Она и была королевой, по крайне мере играла эту роль в трех или четырех фильмах. С таким породистым лицом и гордой осанкой, с таким неповторимым голосом и такими манерами она была очень органична в роли королевы.

Татьяна была в сером костюме и держала в руках сумочку от Шанель. Если бы Артур мне этого не сказал, я все равно ее узнал бы. Существуют женщины, на которых вы западаете в молодости. Все мужчины проходят через такой период юношеской мастурбашни, встречаясь в мечтах с женщинами, которые им нравились. Вот такой недоступной женщиной для меня была Татьяна Негачкова. Теперь можете себе представить, что я почувствовал, когда увидел ее рядом с собой. Актриса молча смотрела на меня, ожидая, когда я, наконец, заговорю.

— Нас ждет машина, — сказал я, — она на стоянке, недалеко от аэропорта.

— Пойдемте, — кивнула Негачкова.

Когда мы садились в машину, я почувствовал легкий запах ее парфюма. Она уселась на заднее сиденье, и я ничего не сказал. Очевидно, актриса приняла меня за водителя или обычную «шестерку», посланную встретить ее в аэропорту. И мне не нужно было ее разубеждать. Я осторожно выехал со стоянки.

— Можно включить кондиционер? — спросил я у моей пассажирки.

— Нет, — быстро ответила она, — я не люблю кондиционеры. Если мне будет жарко, я лучше открою окно.

Что я должен был сказать в этот момент? Сообщить ей, что Артур не случайно вспомнил о тонированных стеклах моей машины, чтобы никто ее не увидел? Я промолчал. И возможно, этим допустил небольшую ошибку, которая затем привела к большой катастрофе. А возможно, все было предрешено и эта деталь только вписалась в общую картину большой беды.

Мы выехали на трассу. Актриса открыла сумочку и пошуршала какими-то бумагами. Глянув на нее в зеркало заднего вида, я увидел, что она, хмурясь, что-то читает. Если бы я встретил ее двадцать лет назад, то от радости, наверное, не сумел бы вести машину. Но с годами мы становимся... нет, не мудрее. Остываем, немного успокаиваемся, понимаем, что в жизни все относительно. К нам приходит понимание бренности всего существующего. Думаю, в студенческие годы я не мог даже мечтать о том, что когда-нибудь повезу Татьяну Негачкову в своей машине. Наконец она убрала бумаги и успокоилась. Затем немного все же опустила стекло. В салон автомобиля ворвался свежий воздух.

— Куда мы едем? — спросила Татьяна.

— В отель «Дорчестер». Это в самом центре. — Вторая фраза явно была лишней. Но я произнес ее автоматически.

— Я знаю, где находится «Дорчестер», — усмехнулась она. Конечно знает. — Вы работаете у господина Абрамова? — спросила моя пассажирка.

— Да. Я его помощник.

— Но вы, кажется, не русский, — продолжила она, — хотя говорите по-русски очень хорошо. Вы, наверное, с Кавказа?

— Да. Отец у меня азербайджанец, а мать грузинка. Но я учился в Московском государственном университете и всю жизнь жил в Москве.

— Тогда понятно. И давно вы в Лондоне?

— Нет. Совсем недавно.

Я не стал уточнять, когда прилетел в Лондон, а она не спросила. Опять достала свой мобильный телефон, включила его и набрала какой-то номер. Затем негромко у кого-то поинтересовалась:

— Ольга Андреевна, как мальчик? Где вы сейчас находитесь? Да, понимаю. Машина будет вас ждать. Он отвезет вас домой. И проследите, чтобы он поужинал.

Она убрала телефон, а я наконец догадался, что актриса говорила с няней своего сына. Наверное, они куда-то поехали и она послала за ними свою машину. Возможно, поехали на весь день. Очень удобный момент, чтобы сбежать на несколько часов в Лондон. Насколько я помнил, у Негачковой был шестилетний или семилетний сын от второго мужа. С мужьями ей везло. Или наоборот — не везло. Этого я не знал.

Она трижды была замужем. Первый муж, Сергей Трусов, за которого актриса вышла в двадцать лет, был известным рок-музыкантом, лидером знаменитой группы «Время машин». Говорили, он ее безумно любил. Они прожили вместе два или три года. Но музыкант оказался законченным наркоманом и алкоголиком. И они расстались. Лет через десять Трусов умер от передозировки наркотиками. Я видел его по телевизору. Это был человек с бешеной энергетикой и совсем без тормозов. Не представляю, каким он был в семейной жизни.

Молва приписывала Негачковой роман с известным театральным режиссером Аркадием Лифшицем. Он был старше ее, кажется, лет на тридцать или сорок. Наверное, для театральной богемы это нормально. Они прожили вместе несколько лет. За это время он поставил свои лучшие спектакли, а она сыграла в них свои лучшие роли. Но затем начались девяностые годы, театры опустели. Лифшиц постарел, все изменилось. А Татьяна вышла замуж за бизнесмена Эдуарда Поволяева. Тот основал фирму, занимавшуюся поставками продуктов из-за рубежа. В середине девяностых Поволяев был одним из самых известных и успешных коммерсантов в Москве. Говорят, что во время дефолта он почти разорился, но затем сумел как-то выправить свое положение. Интересно, что Татьяна не бросила его, когда он был почти разорен. Она осталась с ним в эти трудные два года и даже родила ему сына. Но еще через год, когда у него стали налаживаться дела и он постепенно вылез из долгов, Татьяна его оставила.

Ушла от мужа и официально подала на развод. Говорили, он очень переживал. Несколько раз просил ее вернуться. Так, во всяком случае, писали в газетах. Еще через некоторое время выяснилось, что Негачкова встречается с самим Виктором Корсаковым, который тогда работал в аппарате президента. Он был одним из ведущих советников по правовым вопросам. А затем его назначили министром юстиции. И почти сразу он развелся с женой, с которой прожил больше двадцати лет. Тогда говорили, что жену он оставил из-за Татьяны Негачковой. Что вскоре и подтвердилось. Он женился на ней через год после развода.

Я видел его фотографии в газетах — мордастое лицо с пухлыми губами и масляными глазками. Обычно такие мужчины бывают убежденными бабниками. Он и нашел в пятьдесят лет новую жену. Объективно он должен был нравиться женщинам: высокого роста, с красивой волнообразной шевелюрой, умел говорить, подать себя, обладая сильной энергетикой. О нем все время писали в газетах. Он наверняка был честолюбив и амбициозен. Его выступления против сбежавших олигархов и против наших нуворишей вообще отличались крайним радикализмом. Многие считали, что по своим взглядам он ближе к леворадикальной оппозиции. Во всяком случае, он требовал законодательного рассмотрения всех случаев обладания крупными акциями государственных предприятий, предлагая провести ревизию имущества всех особо богатых людей России. А учитывая, что таких людей появилось достаточно много и они заняли весьма важные позиции, в том числе и в государстве, у него появилось много врагов. Хотя и немало сторонников, которые считали его позицию государственника почти идеальной. И вот жена такого человека решилась прилететь к самому Артуру Абрамову, который в глазах Корсакова был не просто сбежавшим олигархом, а врагом, которого нужно уничтожить любой ценой.

Я снова посмотрел на нее в зеркало заднего обзора. Неужели она не понимает, насколько все это серьезно? А если понимает, то почему приехала? Или есть причины, о которых я просто не знаю? Возможно, это не обычное любовное свидание между миллиардером-плейбоем и стареющей актрисой, а что-то другое? Не мне судить.

Актриса еще больше опустила стекло. Странное дело, если она не хочет, чтобы о ее приезде кто-то узнал, то нельзя открывать окно, ведь в центре Лондона сейчас больше ее знакомых, чем в центре Москвы. И кто-то может ее случайно увидеть. Но сделать ей замечание я не решился.

— Вы курите? — вдруг спросила меня Татьяна.

— Нет, — отозвался я, но пожалел, что не захватил для нее сигареты.

Актриса достала сигареты из своей сумочки. Затем опять обратилась ко мне:

— У вас есть спички? У меня отобрали зажигалку во время посадки в самолет. Такие теперь глупые правила безопасности. Не разрешают провозить даже зажигалку.

— Спички есть. — Я вспомнил, что в бардачке завалялся коробок. Я протянул левую руку, чтобы открыть его. Честное слово, если бы я сидел в обычной машине, ничего, возможно, и не произошло бы. Но в том-то и дело, что я сидел в английской машине, руль у которой с правой стороны. И правая рука у меня ведущая. Продолжая вести машину, я чуть обернулся, протягивая актрисе коробок спичек. Мне показалось неудобным просто поднять левую руку, чтобы она сама взяла эти проклятые спички. Подумалось, что это будет выглядеть не совсем корректно. И на секунду таким образом отвлекся.

Именно в эту секунду рядом появился темно-синий «Мерседес». Он возник так неожиданно, что я невольно нажал на газ, выворачивая руль в сторону. И в то же мгновение в нас врезалась другая машина. Удар был такой силы, что я выронил эту дурацкую коробку спичек на заднее сиденье, еще раз пытаясь вывернуть руль. Но он меня уже не слушался...

ГОД ТЫСЯЧА ДЕВЯТЬСОТ ДЕВЯНОСТО ПЕРВЫЙ

В этот год все события шли по нарастающеіі. Просто на них никто не обращал внимания, не чувствуя динамики происходивших изменений. Уже в начале января подразделения Советской армии заняли ряд административных зданий в Вильнюсе. Во время штурма телецентра погибло четырнадцать человек и более двухсот было ранено. Двадцать второго января Павлов провел свою денежную реформу.

Национальные банки в республиках, при полном попустительстве местных властей фактически сорвали эту реформу, умудрившись заработать на обмене миллионы рублей.

Девятого апреля парламент Грузии принял решение о выходе республики из состава СССР и создании независимого государства. Двадцать шестого мая президентом Грузии был избран Звиад Гамсахурдиа.

Двадцать третьего мая группа омоновцев МВД СССР напала на таможенные посты в Латвии. Начиная с июня были спешно выведены советские войска из Чехословакии и Венгрии. И наконец, двенадцатого июня в России появился свой президент, которым стал Борис Ельцин. А первого июля в Праге был подписан договор о прекращении существования Организации Варшавского договора.

На этом фоне развал страны выглядел уже вполне предсказуемым. К тому же многие лидеры национальных республик, почувствовав слабость центра, поспешили закрепиться на своих местах, обособляясь от Москвы. Они вдруг осознали, что можно получить в «семейное управление» национальные республики, никому не подчиняясь и ни на кого не оглядываясь.

Я работал в это время в Верховном Совете и видел, как все готовилось. Конечно, наш председатель Лукьянов тоже принимал в этом участие. И не просто принимал, а поддерживал все усилия будущих «заговорщиков». Он был с самого начала в курсе всего происходящего. К тому же все понимали, что через несколько дней национальные республики подпишут союзный договор и единая страна прекратит свое существование, превратившись в лучшем случае в конфедерацию. Открою страшную тайну: Горбачев был в курсе того, что они собирались сделать. Ему к этому времени просто надоело возиться со своенравным Ельциным и остальными президентами. По каждой статье будущего Союзного договора они придирались и спорили, спорили и придирались. Ельцин не хотел ничего подписывать.

Он и так чувствовал себя победителем. И тянул время, решая, как ему дальше быть. Ельцину и его окружению очень хотелось выставить из Кремля Горбачева, покончив с этим «рудиментом» бывшего могучего Союза. А ради того чтобы убрать Горбачева, Ельцин был готов отдать не только Крым, но и пойти на любые уступки своим соседям. Остальные президенты, глядя на него, не понимали, зачем они вообще прилетели в Москву подписывать этот никому не нужный договор.

Горбачев уже почти не спорил. К тому же он получал ежедневные сообщения о все более независимом поведении российских властей. По-моему, к этому времени президент СССР просто устал и решил махнуть на все рукой. Поэтому он и улетел в Форос, оставив на «хозяйстве» вице-президента Янаева.

Если сам Горбачев был вялым и слабым политиком, то его вице-президент был просто никем. Вернее, вообще не был политиком.

Любой мыслящий человек понимал, что Горбачев не имел права улетать в Форос накануне подписания Союзного договора. И каждый независимый аналитик, просчитав ситуацию, сумел понять, что Горбачев улетел для того, чтобы отстраниться от тех событий, которые могли произойти в Москве. Но он немного просчитался. Его так не любили даже ближайшие соратники и так ему не доверяли, что они решили на всякий случай изолировать президента, объявить о его болезни. Зная непредсказуемый характер Горбачева, который всегда сдавал своих соратников и никогда не признавался в собственных ошибках, они собирались решить все проблемы по сохранению страны, мягко отстранив его от власти.

По статистике на тот момент более семидесяти процентов граждан, проживающих в стране, поддерживали идею союзного государства. И при таком процентном соотношении сторонники единого государства проиграли. Почему?

Я был в те августовские дни в Верховном Совете и видел, как происходил этот странный переворот. Объявив о том, что власть переходит в руки нового Государственного Комитета, его члены фактически бездействовали. Они не ввели войска, не арестовали всех активных противников Комитета, не смогли призвать своих сторонников. А показательные марши танков по улицам Москвы вызывали только раздражение и у сторонников, и у оппонентов ГКЧП.

Все, что происходило потом, было фарсом. Среди членов Государственного Комитета не нашлось лидера, готового взять ответственность на себя. Председатель КГБ Крючков всю свою сознательную жизнь проработал под руководством Андропова и в решающий момент просто не мог стать лидером. Когда человек работает столько лет при сильном вожде, это неминуемо сказывается на его самостоятельности. Янаев вообще был сплошным недоразумением. Маршал Язов был солдафоном, а не политиком. Оставались премьер Павлов и председатель Верховного Совета Лукьянов. Эти двое были достаточно умными, сильными, опытными политиками. Но в решающий момент и они дрогнули. Нужен был конкретный приказ на взятие Белого дома, где находился Ельцин и его сторонники. Спустя много лет все будут вспоминать героизм защитников Белого дома в августе девяносто первого и их противостояние советским войскам. Враки это. Никакого противостояния не было.

Там действительно находились танки и солдаты, но им никто не отдавал приказа брать Белый дом. И никто не хотел брать на себя ответственность за такую акцию. А вот среди тех, кто противодействовал ГКЧП, понимая, что в случае их победы ему грозит абсолютная политическая смерть, был Борис Ельцин. Настоящий лидер и сильный человек. К тому же он действовал под флагом «защиты Горбачева». А этот козырь выбивал почву из-под ног и так не очень уверенно чувствовавших себя членов ГКЧП.

Особо подлую роль сыграли бравые «десантники». С одной стороны, Грачев и Лебедь тайно заверяли Ельцина, что готовы его поддержать. А с другой — ждали приказа своего руководства на штурм Белого дома, который они безусловно выполнили бы. Вот такая политика на два лагеря. Помните, как в фильме «Мы из Кронштадта» сидящий в окопах большевиков пленный белогвардеец то надевал, то снимал свои погоны?

Весь мир обошел снимок известного музыканта Ростроповича, на плече которого заснул молодой человек с автоматом. У меня всегда вызывал восхищение этот наш прославленный музыкант. Когда умер Тарковский, Ростропович умудрился притащить виолончель на ступеньки церкви и начать там играть. На виолончели, без других инструментов. А когда сносили Берлинскую стену, он тоже нашел табуретку и сыграл там в одиночку. Прекрасный музыкант и настоящий гражданин. Хотя если бы штурм Белого дома состоялся, то его защитникам пришлось бы очень несладко. Но это так, к слову.

В результате этого опереточного переворота пострадали три молодых человека, попавшие под танк. Причем случайно. И еще сильно пострадала Раиса Максимовна, которая слишком хорошо представляла, что ждет ее мужа в случае победы его соратников. Нет, конечно, никто не стал бы физически его устранять. Горбачева просто убрали бы с олимпа, отправив в политическое небытие, чего Раиса Максимовна боялась более всего.

Самое поразительное, что членов ГКЧП обвинили в «государственной измене». Ничего более глупого нельзя было придумать. Эти люди, наоборот, изо всех сил пытались сохранить свою страну. А их назвали предателями. Я был в Верховном Совете, когда нам сообщили об аресте Лукьянова. Через несколько дней в стране запретили партию и признали независимость прибалтийских республик. К этому времени объединенная Германия, нарушая все принципы Хельсинкских договоренностей, уже готовилась признать независимость отделившихся республик Югославии, вызывая новую войну на Балканах.

Интересно, как вели себя в этот тяжкий для страны момент деятели интеллигенции. Один режиссер в прямом эфире сжег свой партийный билет, что выглядело очень театрально и совсем непорядочно. Другой деятель, которого спустя несколько лет назовут «совестью нашей интеллигенции», приехал к Ельцину. Этот академик был руководителем Советского фонда культуры и считался самым главным интеллигентом страны. Ему явно благоволила Раиса Максимовна. Сразу после августовских событий академик сдал свою благодетельницу, появившись в приемной нового российского президента, и потребовал переименовать Советский фонд в Российский фонд культуры. Если бы так сделал кто-нибудь другой, было бы не так стыдно. Но этот человек... За него было даже не просто стыдно, а больно. Представляю, как больно было Горбачеву и особенно его жене, потрясенным таким предательством.

Хуже всего пришлось сотрудникам бывшего Комитета государственной безопасности и партийным работникам. Каких только собак на них не навешивали! Сколько грязи вылили на людей, которые честно служили своей стране. Особенно потряс меня Бакатин, назначенный на очень короткое время руководителем КГБ СССР. Признаюсь, что поначалу он мне нравился. Решительный, смелый мужик, работал министром внутренних дел. А когда попал в сложную ситуацию после августа девяносто первого, то повел себя просто непорядочно и глупо. Возможно, растерялся. Возможно, просто оказался не на своем месте. Он поехал в американское посольство и сдал им схему установки прослушивающих устройств, которые в КГБ в течение нескольких лет закладывали в это здание. Большей глупости и придумать было нельзя. Американцы даже растерялись, они не знали, как реагировать на такой «подарок».

Последние месяцы этого года агония страны напоминала агонию тяжело больного человека. Горбачева уже не просто ненавидели — его откровенно презирали. Ельцин позволил себе с ним вообще не считаться, а новый министр обороны маршал

Шапошников прославился только своей приклеенной улыбкой. И он не защитил страну, которую обязан был оборонять.

Восьмого декабря собравшиеся в Беловежской Пуще руководители России, Украины и Белоруссии добили свою страну, подписав Соглашение о создании СНГ. Ради справедливости отметим, что осторожный лидер Казахстана, которого тоже приглашали, отказался приехать на это совещание и поставить свою подпись под письмом к Горбачеву.

Это было письмо о фактическом признании государственного переворота, по которому представители трех республик разрывали страну на части, забыв об остальных восьми. Можете себе представить? Горбачев еще пытался что-то сделать. Он даже позвонил Шапошникову. Но этот маршал отказал ему в поддержке, также перейдя на сторону новой российской власти. Горбачев понял, что проиграл и свою страну, и свою должность. Поняли это и все остальные. Двадцать первого декабря протокол Соглашения подписали руководители одиннадцати республик бывшего СССР. Великая страна, вошедшая в мировую историю победой над фашизмом и запуском первого человека в космос, прекратила свое существование.

Горбачев выступил по телевидению и объявил, что наконец уходит со своего поста. Я был в числе тех, кто присутствовал в Кремле во время его последней пресс-конференции. Не успел он еще выехать за ворота Кремля, как его кабинет захватили новые победители. И Ельцин с Хасбулатовым подняли в этом кабинете первый тост за свою победу, не подозревая, что ждет их в будущем.

Все так и было. Советский Союз закончился. Я встретился с Петром Петровичем, и он объявил мне, что мы продолжим нашу работу. Мне было интересно, в каком ведомстве меня оставят. Выяснилось, что в разведке. К тому времени КГБ расчленили сразу на несколько организаций. Разведке повезло больше, чем остальным ведомствам. Ее руководителем назначили Примакова, который сумел сохранить это ведомство. Он был государственником, а не демагогом, ответственным человеком, а не популистом. И этим спас разведку, ее агентуру за рубежом. Все остальные управления и службы подверглись реорганизации и разгрому.

СССР прекратил свое существование. И я могу только вспомнить, что почти все политики, которые находились в Беловежской Пуще, достаточно скоро покинули свои посты, презираемые своими собственными согражданами. Белорусский лидер Шушкевич превратился в обычного маргинала, первые же выборы проиграл украинский лидер Кравчук. Довольно быстро вылетел из политики Бурбулис. Что касается Ельцина, то формально он выиграл выборы в девяносто шестом, но на самом деле... Впрочем, не буду забегать вперед. Он тоже не досидел до конца срока. Выходит, что история отомстила всем, кто был тогда в этой Беловежской Пуще. А не прилетевший туда Назарбаев работает до сих пор. Вот такая петрушка.

ЛОНДОН. ВЕЛИКОБРИТАНИЯ. ТОТ САМЫЙ ДЕНЬ

Этот микроавтобус «Фольксваген» возник так неожиданно, что я не успел среагировать. Я просто не мог его видеть. К тому же я отвлекся буквально на одну секунду, чуть обернувшись к моей пассажирке, когда протягивал ей коробок спичек. Моя дурацкая галантность сыграла со мной злую шутку. Нужно было просто поднять левую руку, чтобы она сама забрала этот коробок. И учтите, что я не привык сидеть за рулем с правой стороны, хотя и достаточно давно уже жил в Великобритании. Не могу понять этой чудовищной глупости англичан, упрямо не желающих переставлять руль влево. Ведь они сами испытывают огромные неудобства, когда выезжают из своей страны и пересаживаются на другие машины с левым рулем. Но англичане упрямо придерживаются своих правил.

Я заметил, что темно-синий «Мерседес», который едва нас не ударил, тоже остановился. Из него вышел мужчина лет сорока и попытался нам помочь. Я еще подумал: нужно сказать этому мерзавцу, что он не умеет ездить. Но ничего ему не сказал, так как он рьяно бросился мне помогать, очевидно, чувствуя свою вину. Хотя на самом деле виноват был «Фольксваген», обогнавший «Мерседес» и выехавший так неожиданно, что никто не сумел ничего понять.

«Фольксваген» протаранил нас с такой силой, что я не успел вывернуть руль. И удар пришелся как раз в левую заднюю дверь, рядом с которой сидела моя пассажирка. Я с трудом вылез из машины. Моя правая рука была в крови, но я почти не пострадал. Чего нельзя было сказать о Татьяне Негачковой. Лишь глянув на то, что осталось от моей машины, я сразу понял: актриса не могла остаться невредимой после такого удара. И нужно было видеть лицо этого парня, врезавшегося в нас на микроавтобусе. Оно было залито кровью, парень сильно порезался, но более всего переживал за женщину, которая оставалась в моей искореженной машине.

Мы сразу попытались ей помочь. Парень старался изо всех сил. Тут же около нас затормозило еще несколько автомобилей. А еще говорят, что сегодня люди равнодушны к чужой беде. Надо было видеть, как все они пытались мне помочь. Еще через несколько минут подъехала машина полиции. Мы все еще пытались достать Татьяну из помятой машины. У нее оказались зажаты ноги. И я боялся ее тянуть, чтобы их не повредить. Актриса была без сознания. Еще минут через пятнадцать подъехала машина «скорой помощи». К этому времени мы смогли, наконец, ломая мой автомобиль, достать из него женщину. Она по-прежнему находилась без сознания. Я ощупал ее тело, видимых повреждений не нашел, но под волосами с правой стороны обнаружил большую шишку. Возможно, гематому. Актриса сильно ударилась головой. Ну конечно, ударилась. Ведь она протянула руку за этими проклятыми спичками, и в этот момент в нас врезался «Фольксваген». Ее отбросило к правой дверце, и она о нее ударилась.

Водитель темно-синего «Мерседеса» оказался хорошим человеком. Я поблагодарил его, но он явно был расстроен. Совестливый человек, понимал и свою вину. Он помог перенести Татьяну в автомобиль «скорой помощи». И только потом уехал.

Полицейские проверили мои документы. У меня все было в порядке. Разрешение на жительство, регистрация в полиции, личная страховка, страховка на автомобиль, водительские права. Артур платил большие деньги юристам, чтобы к нам никто не придирался, и все документы мы оформляли строго по английским законам. В Великобритании нельзя полагаться на коррумпированных полицейских. Их можно не найти, а попытка дать взятку стражу порядка может очень плохо кончиться. И вообще я нигде в мире не встречал более принципиальных и порядочных полицейских, чем в

Англии. Такое ощущение, что их специально где-то выращивают. Даже в Соединенных Штатах еще можно рассчитывать найти далекого от идеала полицейского, но только не в Великобритании. Там это практически невозможно.

Сейчас вы сразу вспомните, что в странах СНГ, наоборот, трудно найти порядочного полицейского или милиционера. И будете правы. Иногда встречаются, но это очень редкие экземпляры, почти «отмирающий вид». Я слышал, что в Грузии просто ликвидировали ГАИ, решив, что эта структура ни при каких обстоятельствах не может измениться или перестроить свою работу. Ни при каких.

Сотрудники полиции работали достаточно энергично. Им нужно было быстро освободить трассу. Татьяну отправили в больницу, находящуюся в Саттоне. Врачи забрали ее сумочку с документами. Я остался один, наблюдая, как оттаскивают мой автомобиль, сцепленный с разбитым «Фольксвагеном», как всхлипывает парень — водитель этого микроавтобуса. Можете себе представить, почему он в нас врезался? Оказывается, в этот момент он говорил по мобильному телефону. Вот такой идиотизм.

Нужно не просто запретить говорить за рулем по мобильнику, а отбирать права у поступающих так глупо водителей. Хотя в Англии на этот счет очень жестокие законы. И я полагаю, что кроме крупного штрафа этот парень еще лишится и своей работы, и водительских прав как минимум на несколько лет.

Пока я был занят спасением Татьяны, пока разговаривал с врачами и офицерами полиции, пока приходил в себя после такого столкновения, прошло минут тридцать. Или даже больше. Я не смотрел на часы. И вообще не думал о времени, пока не зазвонил мой мобильный телефон. Я про него совсем забыл. Я вообще забыл обо всем на свете, пытаясь спасти женщину и отправить ее как можно быстрее в больницу. Но мой телефон вернул меня к реальности.

— Где вы находитесь? — услышал я раздраженный голос Артура Абрамова. — Уже прошло больше часа. Вы еще не приехали?

— Нет. — Я не знал, как ему сказать о том, что с нами произошло.

— Давайте быстрее, — велел он тоном, не терпящим возражений. — Я буду в «Дорчестере» минут через сорок. Постарайся успеть.

— Я хотел вам сказать...

— Потом, потом, — оборвал он меня. — У меня сейчас нет времени. Перезвони мне, когда приедете в отель. Я сейчас очень занят. До свидания. — И он сразу отключился.

Я остался стоять с телефоном. Что мне было делать? Перезвонить к нему и объяснить, что мы попали в аварию, но он сказал, что очень занят. Как быть? Я решил позвонить Сандре, узнать, с кем так занят мой босс. Я набрал номер ее телефона.

— Слушаю вас. — Сандра понимала по-русски, но всегда говорила по-английски.

— Это Исмаил. — Я видел кровь на телефоне, но старался не обращать на это внимание. Кажется, правую руку я довольно сильно порезал. Достал носовой платок и, перевязав рану, спросил: — Кто сейчас у господина Абрамова?

— К нему приехал господин Филоненко, — сообщила она.

Я понял, почему Артур не мог со мной разговаривать. Филоненко, бывший сотрудник Федеральной службы безопасности, уже давно обитал в Лондоне. Он вышел в отставку и приехал сюда еще лет пять или шесть назад. Мне поручали проследить за его деятельностью, и должен сказать, что этот Филоненко мне совсем не понравился. Грязный тип. К сожалению, такие иногда попадают и в контрразведку. Нечистоплотный, с подозрительными связями в криминальных кругах, он несколько раз, давая интервью, подставлял своих бывших коллег. Одним словом, далеко «не подарок». Я честно передал в Москву все полученные о нем сведения, ожидая, какое решение они примут. Но решение явно затягивалось. А сам Артур всегда говорил, что Филоненко верить нельзя. Но тогда почему он позвал его к себе?

Теперь мне понятно, почему Артур не мог со мной разговаривать при этом типе. Конечно, ему не хотелось, чтобы Филоненко узнал о прибытии в Лондон Татьяны Негачковой. Но почему именно сейчас он встретился с Филоненко? Нашел время. Но конечно, звонить ему не стал. Слишком опасно. Но и не сообщить об аварии было просто глупо. Поэтому я продолжил разговор с секретаршей Артура:

— Сандра, подождите, пока уйдет господин Филоненко, и сообщите нашему боссу, что я попал в аварию.

— В какую аварию? — не сразу поняла эта дура. Когда у женщины такая грудь и такая фигура, ей можно не иметь мозгов. Что Сандра блестяще и доказывала.

— Мой автомобиль попал в аварию, — терпеливо объяснил я ей. Конечно, я не собирался ей сообщать, что в салоне машины нас было двое. Ей это было знать ни к чему.

— Вы ранены? — догадалась Сандра.

— Нет, со мной все в порядке. Просто сообщите ему, что я попал в аварию. Пусть он мне перезвонит, когда освободится.

— Хорошо. — Сандра сразу отключилась. Может, это и к лучшему. Теперь мне предстояло решить, что делать дальше. Ехать в «Дорчестер»? Это глупо, я все равно не смогу заменить Артуру его гостью. Тогда надо сразу ехать в Саттон, в больницу, куда повезли Татьяну. Надо узнать, как она себя чувствует. Все равно Артур потребует туда поехать. Поэтому я решил поймать такси и помчаться туда.

На месте аварии уже работали представители страховых компаний. Я подошел к ним и выяснил, что совсем им не нужен. Поразительная страна, в которой все ваши вопросы за вас решают юристы и страховщики. Увидев мою перевязанную руку, мне предложили поехать в больницу. Офицер полиции был готов отвезти меня в Саттон.

Но я отказался. Поймал такси и попросил доставить меня туда. И уже через десять минут был у больницы в Саттоне. Знакомая трель моего мобильного телефона раздалась, когда я вылез из такси. Я достал аппарат и услышал крик Артура:

— Какая авария? Ты совсем с ума сошел? Я просил тебя, чтобы никто не знал о твоей поездке в Гэтвик! Что ты рассказал Сандре?

— Ничего не рассказал. Мы попали в аварию, — говорить спокойно, когда Абрамов кричал, было достаточно сложно, — в нас врезался микроавтобус.

— Как это врезался? — Он еще не совсем понял, что произошло. И только затем спросил: — Вы не сможете приехать?

— Нет. Со мной все в порядке, а ваша гостья пострадала.

— Как это пострадала? Что с ней случилось? Она не сможет приехать в отель?

— Не сможет. Мы попали в аварию, и ее сейчас отвезли в больницу.

— Что ты сказал? — Артур заорал так, что трубка, казалось, разорвется на куски. — В какую больницу? Совсем с ума сошел?

— У нас произошла авария, — снова терпеливо повторил я моему шефу, — тяжелая авария. Я легко ранен, а она потеряла сознание, и ее отвезли в больницу.

Теперь он наконец понял. Молчал секунду, вторую, третью. Молчал секунд десять. Затем неуверенно пробормотал:

— Только этого не хватало.

Я расплатился с таксистом, ожидая, когда мой шеф примет решение и скажет, что мне дальше делать.

— Куда ее отвезли? — спросил наконец Артур.

— В больницу в Саттоне.

— У нее с собой был багаж или сумка?

— Только сумочка.

— И где она?

— В больнице.

— Я спрашиваю про сумочку! — снова заорал он.

— Тоже в больнице. Ее увезли врачи. Там были документы, которые могли им понадобиться.

— Идиот! — рявкнул Артур. — Как ты мог позволить, чтобы они увезли ее сумочку? Ладно, сделаем так. Быстро поймай машину и дуй за ней. Найди в больнице ее сумочку и сразу мне перезвони. Ты меня понял? Найди эту сумочку. — И, немного помолчав, поинтересовался: — Как она себя чувствует?

— Не знаю. Видимых ран не было, но она сильно ударилась головой.

Артур выругался. Я терпеливо ждал.

— Езжай! — наконец приказал он. — И срочно мне позвони оттуда.

— Уже приехал, — сообщил я ему не без удовольствия. Пусть понимает, чем я отличаюсь от его сексапильной Сандры и хитрого Владика.

— Куда приехал? — Артур был так ошеломлен случившимся, что не сразу воспринимал мои ответы. Хотя человек он далеко не глупый и очень даже сообразительный.

— В больницу. Я стою около нее.

— Молодец, — наконец понял он. — Иди туда и найди ее сумочку. А потом мне перезвони. И учти... — он опять помолчал и решительно добавил: — Учти, никто, кроме тебя, не должен знать о ее содержимом. Если там будут какие-то бумаги, забери их. И постарайся их не читать. Это в твоих интересах, Исмаил. Ты меня понял?

Конечно, я все понял. Я уже понял, как важны эти бумаги. И понял, что обязательно их прочту, как только до них доберусь. К счастью, Артур даже не подозревал, что я в Лондоне далеко не по своей воле. Но об этом он и не должен был знать.

ГОД ТЫСЯЧА ДЕВЯТЬСОТ ДЕВЯНОСТО ВТОРОЙ

Самый большой обман, с которым мы сегодня сталкиваемся, это утверждение о том, что Советский Союз распался без большой крови. Ни Горбачев, ни Ельцин, ни их сторонники упрямо не хотят признавать то, что случилось после развала. В пример ставится Югославия, где почти сразу началась настоящая война, которая продолжалась несколько лет и унесла десятки тысяч жизней.

«Мы обошлись без большой крови при распаде огромной страны», — любят повторять политики, развалившие ее. Но все это очевидный обман. Крови было не просто много — ее было очень много. Трагическая война в Таджикистане, где погибло множество людей, противостояние между Азербайджаном и Арменией, во время которого уничтожались целые города и деревни с их населением, гражданская война в Грузии, выступление автономных образований в той же Грузии и ожесточенные столкновения в Абхазии, война в Приднестровье и, как прямое следствие распада две войны в Чечне, столкновения на Северном Кавказе между ингушами и осетинами... Неужели после этого можно говорить о малой крови и якобы управляемом распаде? Плюньте этому человеку в глаза!

Спросите у абхазской матери, которая имела пятерых сыновей и потеряла четверых из них в этой бойне. Спросите у таджикской матери, муж и сыновья которой заживо сгорели в своем доме. Спросите у азербайджанской матери, троих детей которой убили в Ходжалах. Я говорю только о тех матерях, трагические примеры которых мне лично известны. А сколько их, матерей и отцов, оставшихся без своих детей, и детей, потерявших родителей? Сколько убитых и раненых, искалеченных и заболевших, сбежавших и эмигрировавших? Кто подсчитает цену крови? Кто наконец признает, что война в Югославии была следствием развала Советского Союза, что победа оппозиции в девяносто втором в Афганистане и приход к власти талибов в девяносто шестом и чудовищные зверства, которые они учинили в своей стране, были тоже следствием этого неуправляемого развала? Или вы полагаете, что Буденновск, Кизляр, Беслан, трагедии людей взорванных домов и оказавшихся захваченными в театре, могли произойти в Советском Союзе? Или вы не считаете эту кровь прямым следствием развала, свершившегося в девяносто первом году?

Огромная страна распалась не в декабре девяносто первого, когда были подписаны Беловежские соглашения. Она распадалась в судорогах и конвульсиях весь девяносто второй год. Этот мучительный процесс завершился к осени девяносто третьего, вылившись в прямое противостояние в руководстве России. Но это произошло уже в следующем году. А в начале девяносто второго Россия получила шоковую терапию.

Никогда не забуду, как я вышел на улицу и увидел тысячи людей, стоящих на тротуарах и торгующих всем, чем только можно: колбасой, лампочками, одеждой, сигаретами, хлебом, лимонами, детскими колготками, книгами, фруктами, консервами, в общем, всем, что можно было продать или обменять.

Я приехал на работу в Верховный Совет в подавленном настроении. Мне казалось, что ситуацию выправить уже невозможно. Мы обречены не просто на развал, а на хаос в экономике, на полную деградацию в культуре и науке, на развал нашей промышленности. В общем все так и получилось, но у бывших советских людей была невероятно высокая степень приспосабливаемости к трудностям жизни. Народ, который выжил после изнурительной Гражданской войны, сумел восстановить народное хозяйство, сделать промышленный рывок, превратив крестьянскую страну в один из промышленных гигантов в мире, отстоять в невероятной войне свою независимость в борьбе с сильнейшим противником, снова восстановить народное хозяйство по второму разу, выйти первым в космос, создать, несмотря на очевидные трудности, ядерный паритет с богатейшей державой мира, помогая при этом десяткам других стран, этот народ знал, как нужно выживать. И его не могли сломить пустые полки магазинов, отсутствие колбасы.

Спустя много лет иностранцы меня часто спрашивали, как мы могли выжить в начале девяностых. Я понимал, что подробно объяснить им все, что с нами было, практически невозможно. Как невозможно объяснить, почему не сдавались защитники блокадного Ленинграда. Как невозможно объяснить, почему не сдали Сталинград, когда до Волги противнику оставались считаные метры. Как невозможно объяснить, каким образом разоренная войной страна нашла силы и средства запустить первый спутник и первого человека в космос. Просто невозможно.

Сегодня я часто читаю, что тогда нас спасла команда Гайдара. Вернее, Гайдар и его молодая команда, которая благодаря шоковой терапии наполнила магазины товарами и вытащила нас из продовольственного кризиса. И это все неправда. Можно поднять цены в тысячу раз, разорить миллионы людей, обесценив их деньги на счетах и назвать это «шоковой терапией». При этом обратите внимание на поразительно интересный факт. Почти все члены команды Гайдара стали миллионерами и мультимиллионерами, владельцами банков, компаний, организаций. Может, такая «терапия» была на руку в первую очередь именно членам команды Гайдара? И на самом деле народ выжил не благодаря, а вопреки им. Выжил потому, что имел такой характер, когда нужно было выживать, стиснув зубы и преодолевая все невзгоды. Если бы в любой другой стране Европы граждан так нагло и бессовестно лишили их сбережений, как это сделали у нас, там мгновенно началась бы революция. Или как минимум сменили бы правительство.

Мы видели, как зарождалось противостояние между Верховным Советом России и ее новым, молодым правительством. Признаюсь, мои симпатии тогда были на стороне правительства. Мне они казались такими талантливыми, умными, современными людьми. Как я тогда заблуждался! Из-за трагикомической фигуры председателя Верховного Совета Руслана Имрановича Хасбулатова мне казалось, что собравшиеся вокруг него ретрограды и консерваторы упрямо не хотят признавать изменений, уже произошедших в мире. Скрипучим голосом, постоянными своими неумными шутками и остротами Хасбулатов вызывал лишь раздражение у всех, кто с ним работал.

Однажды правительство просто вышло из зала Верховного Совета по знаку Бурбулиса, когда Руслан Имранович в очередной раз неудачно пошутил. Это противостояние не могло долго продолжаться. Люди просто не понимали, что хочет сделать Гайдар и его команда. И тогда президент Ельцин понял, что такое правительство он обязан сменить. Вместо интеллектуального и начитанного Гайдара, который, кажется, был одним из самых порядочных и честных чиновников в кабинете министров, главой правительства был назначен Черномырдин. Говорят, что имя и фамилия человека могут многое сказать о его характере. Не знаю, не знаю. Охотно верю, что Черномырдин был крепким хозяйственником. Верю. Но в качестве политического лидера он вызывал только смех. Так и не научившись говорить по-русски, он обычно мычал, невразумительно отвечал, говорил односложными предложениями, вошедшими в русский фольклор.

Но именно такой человек был нужен в качестве руководителя кабинета министров, когда все определял только один человек в стране — сам президент.

К этому времени стало ясно, что его вице-президент и председатель парламента вступают с ним в период жесткого противостояния. Вообще постсоветским республикам очень не везло со вторыми лицами. Я приведу такую смешную статистику. Из двенадцати республик бывшего СССР, вошедших в СНГ, в десяти премьер-министры сумели попасть в тюрьму, а в некоторых республиках за решеткой оказались даже несколько премьеров. В России не везло с вице-президентами. Сначала арестовали Янаева, который был всесоюзным «вице», потом в девяносто третьем арестовали Руцкого и Хасбулатова. Черномырдин пересидел всех и был на своем посту до начала девяносто восьмого года. В общем, он действительно оказался крепким хозяйственником, никчемным политиком и немного смешной фигурой российской жизни. Правда, когда я вспоминаю созданный при его участии «Газпром», мне хочется подняться и снять шляпу, которую я никогда не носил. Хотя может быть, я неправ и чего-то явно не понимаю.

Год завершился сменой правительства и очевидным противостоянием президента и правительства с Верховным Советом. В моем родном Азербайджане был полностью уничтожен город Ходжалы. Все население его либо погибло, либо сбежало в горы. Но об этой трагедии в мировой прессе почти не писали. Затем в Баку произошла очередная смена власти, и радикальная оппозиция сначала захватила парламент, а затем провела и своего президента.

В том же году я познакомился с Ирой, которая работала в журнале «Иностранная литература». Ей было только двадцать четыре. Мне тогда уже исполнилось двадцать восемь. Мы встречались несколько месяцев, прежде чем я решил впервые пригласить ее к себе. У меня была очень уютная двухкомнатная квартира в Сокольниках.

Мы сразу почувствовали симпатию друг к другу. К тому же она хорошо владела английским языком. Мне пришлось признаться, что я тоже неплохо знаю этот язык. О том, что я знаю еще и немецкий, я ей тогда не сказал. Она была дочерью известного журналиста Павла Днепрова. После того как я стал с ней встречаться, Ирина ввела меня в круг друзей своего отца. Ему было тогда около пятидесяти. Должен сказать, что мой куратор Петр Петрович был очень доволен моим знакомством с Ириной. Это меня несколько настораживало. Петр Петрович считал, что подобные связи помогут мне в будущем. Я даже колебался, не зная, как мне строить свои отношения с Ириной. Но к Новому году все же сделал ей предложение. Она обещала подумать. Через неделю мы подали заявление в загс.

Свадьба состоялась уже в январе следующего года. Вернее — две свадьбы. Сначала мы собрали друзей и знакомых в Москве, довольно скромно отметив с друзьями наш брак банкетом. Приглашенных было человек пятьдесят, не больше. Времена были сложные, да и шиковать особенно не хотелось.

Зато потом мы поехали в Баку и там сыграли свадьбу на триста человек. Тут уж постарались мои многочисленные родственники. К тому времени я для моих родителей стал уже иностранцем. Они остались гражданами Азербайджана, а я стал гражданином России. И это тоже к тому, как нас разделили — по живому, по семьям. Мы с Ириной вернулись в Москву, и она переехала ко мне. Разумеется, моя жена даже не подозревала, что я не только сотрудник аппарата Верховного Совета, но и офицер разведки. О таких вещах нельзя говорить даже самому близкому человеку. В этом я был твердо убежден. Спустя много лет я однажды немного нарушил это табу и очень пожалел о случившемся. Но пока мы были вместе и были по-настоящему счастливы. Ее отец даже предложил мне перейти на работу в одну крупную газету на очень перспективную должность ответственного секретаря с зарплатой в три раза большей, чем мой более чем скромный доход в Верховном Совете. Но Петр Петрович не разрешил. В аналитических управлениях спецслужб уже просчитывали вероятность нового противостояния, понимая, что рано или поздно оно произойдет. И я остался работать в Верховном Совете.

Я вошел в здание больницы через несколько минут. Хорошо, что я догадался сюда приехать. Надо было пройти в приемное отделение, узнать, куда отвезли Татьяну Негачкову, и уточнить, куда могли положить ее сумочку.

Я рассуждал следующим образом. Вполне вероятно, что сумку принесли в палату и она находится рядом с пострадавшей. Или нет? Если Татьяна в тяжелом состоянии, то ее сумочку ей могли не принести. К тому же это — очень дорогая сумка, она стоит как минимум тысячу или полторы тысячи евро. А такую дорогую вещь просто так в палате не оставят. Значит, сумочка должна находиться где-то в другом месте.

В больнице мне довольно быстро удалось узнать, что пострадавшую госпожу Негачкову уже осмотрели врачи. У нее гематома на правой стороне головы, сломана нога, повреждена рука, сломаны два ребра. Но сильных внутренних повреждений нет, и врачи считают, что она будет жить. Это меня порадовало. Я поинтересовался, куда отнесли вещи пострадавшей, и мне любезно сообщили, что они находятся в багажном отделении приемной, куда их обычно и складывают. А для того чтобы получить сумочку, мне нужно предъявить мои документы, заполнить регистрационную карточку и дождаться главного врача или его заместителя, которые могут разрешить выдать мне эту сумочку. В общем все, как обычно. Как это бывает во всех подобных случаях.

Я сел заполнять регистрационную карточку. Часы показывали уже половину второго. Я даже не заметил, как прошло столько времени с момента нашей аварии. С другой стороны, мы же ехали минут тридцать, затем еще столько же я возился с поврежденной машиной, пытаясь вытащить из нее мою пассажирку. А после того как я отправил ее, мне пришлось задержаться еще минут на двадцать или двадцать пять. Потом дорога сюда, разговор с Артуром. Все правильно — прошло около двух часов.

Только я в этом убедился, как раздался телефонный звонок. Звонил Артур.

— Ты уже забрал сумочку? — поинтересовался он.

— Пока нет. Нужно заполнить специальную карточку, и только потом мне выдадут сумку из багажного отделения.

— Значит, сумка у них?

— Видимо да. Они попросили меня заполнить карточку, чтобы получить сумку.

— И ты заполнил?

— Конечно.

— И что ты написал?

— Что произошла авария, как и написано в полицейском отчете. Они сверяют по данным страховой компании и полицейского управления. Потом подшивают свое заключение...

— Что ты там написал? — снова нетерпеливо повторил вопрос Артур. — Ты указал ее настоящую фамилию?

— Конечно указал. Офицеры полиции оформляли документы прямо на месте, узнав ее фамилию. Я не мог их обмануть. Они проверяли по нашим документам.

— Идиот, — прорычал Абрамов, — нужно было что-то придумать.

— Что придумать?

— Все что угодно. Только не сообщать ее настоящей фамилии. Неужели ты так ничего и не понял? Никто не должен был узнать о ее визите в Лондон. Ни один человек.

— Не получится. — Мне доставляло какое-то садистское удовольствие произносить эти слова. Пусть не называет меня идиотом. Это уже второй раз за день. Я ему покажу, какой я идиот! — Не получится, — повторил я. Интересно, что с начала разговора он так и не спросил меня о самочувствии пострадавшей. — У нее сломаны ребра, нога. Многочисленные ушибы. Повреждена голова. Она месяц проведет в больнице.

— Нет! — ошеломленно рявкнул Артур. — Этого нельзя допустить.

— Я говорю из больницы, — с удовольствием напомнил я своему шефу. — Она здесь, и врачи говорят, что она выживет. Но будет лежать тут как минимум месяц.

— Так нельзя, — решительно прервал меня Артур. — Она должна сегодня же вернуться в Испанию. Только сегодня вечером, и никаких вариантов.

— Вы не понимаете. Она в тяжелом состоянии...

— Это ты ничего не понимаешь, — рассердился Артур. — Значит, сделаем так. Сейчас мне закажут специальный самолет на сегодняшний вечер. Я поручу нашим людям договориться с Барселоной, откуда она прилетела. Наш самолет примут, а в аэропорту будет ждать специальная машина «скорой помощи», которая доставит ее в местную больницу. Она улетела из Испании, никому ничего не сказав. Поэтому все будут думать, что она попала в аварию именно в Испании. И оказалась там в больнице. И пусть там лечится хоть месяц.

Когда человек имеет много денег, он многое может себе позволить. Например, арендовать самолет и перебросить одного человека из Великобритании в Испанию, что Артур и собрался сделать. Трудно, но при желании выполнимо. А врачам всегда можно объяснить, что пациенту лучше лечиться в Барселоне, чем в Лондоне.

— Так можно сделать. — Теперь мне было понятно, что речь шла не об обычном любовном свидании. Артуру нужно было получить какие-то бумаги, которые были у Татьяны с собой в сумочке. И почему-то он назначил ей встречу в центре Лондона. Значит, собирался приехать на нее не один. Значит, в их встрече должен был принять участие кто-то третий. Возможно Филоненко, хотя я в это не верю. Он слишком грязный тип, чтобы Артур ему доверял.

— Так можно сделать, — осторожно согласился я с боссом, — но нужно договориться с местной больницей.

— Вот ты и договаривайся, — быстро решил Артур. Поэтому-то он такой богатый и знаменитый, что умеет принимать быстрые решения, которые часто бывают единственно правильными. Умеет держать удар и не теряться в сложных обстоятельствах. — Получи ее сумку и договорись с больницей о ее эвакуации. А я закажу специальный реанимобиль. Самолет тоже будет оборудован всем необходимым. Если надо, мы возьмем с собой врачей. В общем, сделаем все, как нужно. Иди и договаривайся. У тебя два часа времени. Ровно через два часа я приеду за ней, и нас будет ждать самолет в аэропорту. Ты все понял, Исмаил?

— Я постараюсь все сделать.

— У тебя уже был один прокол, — строго напомнил Артур, — сделай так, чтобы их больше не было. До свидания.

Мы закончили разговор. Все правильно. Я встречал женщину, которая специально прилетела в Лондон для встречи с Абрамовым, но случайно попала в больницу. Не по моей вине. Но теперь Артур пытается исправить положение. Мне было ужасно интересно узнать, что же находилось в ее сумочке. Я понимал, что, заполнив карточку, я получу ее сумку и все узнаю. Однако до этого решил позвонить своему куратору.

Артур все рассчитал правильно. Он действительно был большой умницей и знал меня много лет. Но не знал самого главного, что вот уже много лет я был офицером службы внешней разведки, глубоко законспирированным агентом, о существовании которого почти никто не знал. Поэтому я достал другой аппарат, которым обычно не пользовался. Включил его и терпеливо подождал, когда он наконец заработает. А затем набрал номер куратора в Москве. О существовании этого номера знали всего несколько человек. Но все равно разговор должен был быть очень коротким.

— Слушаю, — ответил мой куратор.

— Говорит Ахав. — Я назвал свою кличку.

— Что случилось?

— Чрезвычайное происшествие. В Лондон прилетела Татьяна Негачкова, жена Виктора Корсакова. Она собиралась тайно встретиться с Абрамовым.

— Кто вам сообщил?

— Я сам встречал ее в Лондоне. Она привезла Абрамову какие-то документы. Пока не знаю какие, но постараюсь узнать.

— Будьте осторожны. Если понадобится наша помощь...

— Я знаю.

Все. Разговор был закончен. Теперь там знали и про нашу гостью, и про возможную встречу. И я знал, что за моей спиной не только мой неуравновешенный босс, но и целая организация, которая всегда сможет меня вытащить из любой заварушки. Или почти из любой. Далее следовало дождаться главного врача и постараться убедить его в необходимости транспортировки пострадавшей пациентки в Испанию. Вот когда я порадовался, что неплохо владею английским, понимая, что придется применить все свои знания, чтобы убедить его согласиться на такую транспортировку. Впрочем, времени у меня было предостаточно. А самым важным было получить сумочку актрисы и посмотреть бумаги, которые она привезла, хотя я совершенно не понимал, зачем такая красивая женщина занялась перевозкой каких-то непонятных бумаг, словно обычный курьер. Очевидно, в этих документах и крылась какая-то тайна.

Я отправился к главному врачу. Минут сорок мы разговаривали. Сначала я говорил, а он слушал, потом он говорил и я слушал. Главный врач оказался человеком молодым и понимающим. Если пациентку нужно лечить в Испании, значит, ее нужно туда перебросить. Правда, согласился он на это при одном условии, что их врач будет сопровождать ее до испанской больницы. Мне пришлось дважды звонить Артуру, оговаривая эти условия. Он был согласен на все, лишь бы увести Татьяну Негачкову в Испанию.

Когда переговоры были закончены, я вспомнил про сумочку. И передал главному врачу заполненную регистрационную карточку на выдачу багажа. Он послал бумагу еще кому-то. Мы терпеливо ждали минуту или две. Потом бумагу вернули главврачу. В больнице была своя бюрократия, а мне разрешили пройти и получить сумку и заодно одежду актрисы, которую хотели отправить в стирку, но я согласился принять ее в испачканном виде.

Еще через несколько минут принесли, наконец, сумочку и вещи Татьяны в нескольких пакетах. Я еще немного посидел у главного врача, затем вежливо попрощался. У меня в запасе было уже меньше часа. Я вышел в коридор, сел на скамью и терпеливо дождался, когда мимо меня пройдут два санитара. И только после этого достал сумочку, вытащил оттуда сложенные бумаги.

Сначала я ничего не понял. Честное слово, не понял, что в них было написано. Я, выпускник Московского государственного университета, закончивший в Баку школу на русском языке и всю жизнь говоривший по-русски, не сумел сразу понять, а точнее — поверить в то, что прочитал. Это было невозможно, немыслимо. Я снова все перечитал. И только после этого достал из кармана телефон, чтобы позвонить своему куратору. Я вдруг подумал, что вся моя многолетняя конспиративная жизнь была нужна ради этого мгновения. Из-за этих бумаг, которые я держал тогда в руках.

ГОД ТЫСЯЧА ДЕВЯТЬСОТ ДЕВЯНОСТО ТРЕТИЙ

Какие только бумаги я не читал за время своей работы в бывшем Верховном Совете России! С какими только постановлениями и решениями не знакомился! Вы помните, что противостояние между президентом и Верховным Советом вылилось в настоящее гражданское противостояние? К счастью, оно было локальным и происходило только в Москве. По большому счету, в остальной России давно махнули рукой на все разногласия между обеими ветвями власти. Помните знаменитое шекспировское «чума на оба ваших дома»? Вот примерно так население и относилось к этому противостоянию.

Но конечно, многие понимающие ситуацию, неангажированные люди были на стороне Ельцина. Он казался гарантом не только свободы, но и вообще всех демократических реформ. Тогда Ельцин еще был достаточно силен, амбициозен, нравился людям. В марте он предложил свои поправки к Конституции, которые не прошли в Верховном Совете. Более того, законодательную власть неожиданно поддержала и судебная, когда Конституционный суд во главе с Зорькиным выступил на стороне Верховного Совета.

Затем была попытка импичмента, но сорвалась. Я думаю, если бы она получила поддержку, то силовое противостояние началось бы в марте, а не в октябре, и Ельцину было бы намного труднее убедить Запад в его решимости продолжать «демократические реформы». Но он не ушел бы тогда ни при каких обстоятельствах. Уже позже стало известно, что его ближайшее окружение было готово на любой вариант, даже силовой. А возможный разгон парламента их не особенно пугал.

Но импичмент не прошел. Вместо этого состоялся референдум по знаменитым четырем вопросам. Тогда считали это победой президента. На самом деле, конечно, это была «пиррова победа». Ведь если за первые два вопроса проголосовали пятьдесят восемь и пятьдесят два процента от принявших участие в референдуме шестидесяти четырех процентов населения, то выходит, что реально положительно на эти вопросы ответило около тридцати процентов граждан, имеющих право голоса. А по третьему и четвертому вопросам процент голосов оказался вообще катастрофическим — тридцать два и сорок один. Но сторонники президента расценили результат такого голосования как свою победу.

Если честно, то Хасбулатов и его окружение вызывали гораздо большее раздражение, хотя формально закон был на их стороне. Противостояние все время нарастало. Верховный Совет раздражали все указы Ельцина, его самоволие, его независимость. Нужно было понимать характер Ельцина. Он был царем по своей природе и не терпел возражений. Привыкший к единоначалию в области, где он долго был хозяином, Ельцин не смог работать руководителем в Москве, где над ним было много других руководителей гораздо выше его рангом. И поэтому взбунтовался. А когда Ельцин стал президентом и наконец убрал ненавистного Горабчева, мириться с каким-то Верховным Советом, который к тому же возглавлял ставший его личным врагом Руслан Хасбулатов, оказалось просто выше его сил. В Верховном Совете депутаты даже не скрывали, что Ельцина нужно убрать, заменив его на вице-президента Руцкого.

Летом произошли события, которые формально не могут считаться эпизодами этой борьбы, но на самом деле они были яркими эпизодами в этой схватке титанов. Было решено подставить руководителей силовых структур. Тем более что для этого представился повод. Жена министра госбезопасности Баранникова и супруга первого заместителя министра внутренних дел Дунаева полетели в Швейцарию по приглашению фирмы «Сиабеко», которой руководил Борис Бирштейн.

Женщины за три дня сделали там покупки на триста тысяч долларов. Это все было протокольно зафиксировано. Кроме того, установили, что обратно путешественницы везли двадцать мест багажа и фирма «Сиабеко» заплатила за его перегруз более двух тысяч долларов. Все эти документы были переданы президенту страны. И сразу последовала его реакция. Оба чиновника были мгновенно уволены, а еще через несколько месяцев в газеты попала точно дозированная информация о коррупции среди высших чиновников.

Спустя некоторое время сам Ельцин напишет, что он был буквально потрясен такими тратами жен высокопоставленных государственных лиц. «Я думаю, что даже самая избалованная миллионерша не могла бы при всей своей фантазии за три дня истратить столько денег». Ельцин, разумеется, даже не подозревал, какой смех будут вызывать эти его слова спустя лишь несколько лет, когда его ближние родственники, подчиненные чиновники, друзья и друзья его друзей начнут тратить не сотни тысяч долларов, а миллионы, когда размеры счетов нуворишей, сделавших состояние на близости к семье президента, перевалят за миллиарды долларов.

И еще тогда президент написал о таком отвратительном явлении, как подкуп депутатов и чиновников. Он даже представить себе не мог, какой станет степень коррупции среди депутатов и чиновников к моменту его ухода. Но это случится только через шесть лет.

В сентябре президент подписал указ «О поэтапной Конституционной реформе», который предусматривал роспуск парламента. Можете себе представить, как отреагировали на это в Верховном Совете? Я каждый день выходил на связь с моим куратором и рассказывал ему о том, что у нас творится. Подозреваю, что все материалы, которые я передавал Петру Петровичу, сразу же ложились на стол руководителя Службы внешней разведки Примакова, а уже оттуда попадали к Ельцину. Или не попадали. Я не уверен, что все материалы передавались в президентский аппарат. Примаков вел себя осторожно, стараясь не ввязываться в это противостояние.

Двадцать седьмого сентября здание парламента было оцеплено милицией. Но Ельцин еще колебался. В это время Конституционный суд снова поддержал Верховный Совет. И тогда депутаты объявили, что отстраняют от власти Ельцина и заменяют его Руцким. Нам отключили электричество и канализацию. В нашем парламенте начало пованивать, но отважные защитники парламента не сдавались. В это время началось активное силовое противостояние. Группы сторонников Верховного Совета начали захват зданий, попытались взять штурмом телевидение.

Бравый генерал Макашов объявил о победе своих сторонников на митинге перед Белым домом. Видимо, он не представлял себе, чем все это закончится. В истории России любой генеральский путч почти всегда обречен. Генералы должны защищать Родину, а не заниматься политическими проблемами. В свое время не удался мятеж самого генерала Корнилова. Макашову же ошибочно показалось, что Ельцина будет легко отстранить от власти. Он не понимал ни природы власти, ни состояния умов на тот период. В основном люди еще продолжали верить в Ельцина и его реформы, продолжали надеяться на лучшее. И поэтому большая часть населения заняла выжидательную позицию, не поддержав ни тех, ни других.

Во время противостояния только Гайдар показал себя порядочным и мужественным человеком. Он призвал своих сторонников собраться у памятника Юрию Долгорукому. Это был, конечно, очень опасный шаг, ведь там собирались в основном безоружные люди. А некоторые деятели интеллигенции, напротив, повели себя просто безнравственно. Они начали настаивать на силовом варианте, доказывая, что Верховный Совет нужно разогнать силой. Мне особенно запомнилось выступление одной актрисы, которая мне очень нравилась и всегда выступала в комедиях. Она кричала с экрана: «Что это за Конституция такая?» Можете себе представить, чтобы так крикнула какая-нибудь американская кинозвезда? Или французская? Ее сразу же отправили бы в сумасшедший дом. Или возбудили бы против них уголовное дело за оскорбление Конституции и непризнание главного закона страны. Но в тот момент на такие тонкости никто не обращал внимания. Однако Ельцин получил моральную поддержку и уже готов был действовать.

Я был все эти дни в здании Верховного Совета и почти не выходил на связь с куратором. Мобильных телефонов тогда еще не было. Лично я считаю, что обе стороны вели себя тогда неразумно, устроив противостояние в самом центре Москвы. Но в решающий момент армия и милиция поддержали Ельцина. Министр обороны Грачев понимал, что ему ничего не светит при новой власти. Как и Ерину, который был первым кандидатом на увольнение у депутатов Верховного Совета. Но министры колебались, особенно Грачев. Наконец он попросил письменный приказ. Ельцин дал ему такой приказ, после чего появились танки, которые били прямой наводкой по парламенту. И весь мир видел это в прямых репортажах Си-эн-эн. Всех оставшихся в здании арестовали и вывезли на автобусах. Рядовых участников и сотрудников Верховного Совета почти сразу отпустили. Мне только несколько раз дали по шее и по ребрам, но я это легко пережил. А наших руководителей держали в тюрьме до тех пор, пока новый парламент — Государственная дума — не приняла решение об амнистии. Помню, это тоже очень не понравилось Ельцину, и он настойчиво советовал новому прокурору Казаннику не выпускать арестованных из тюрьмы. Но Казанник был честным юристом, хотя и недалеким политиком. Он всех выпустил, за что мгновенно и лишился своей должности.

Самое интересное случилось в декабре, когда состоялись выборы в новую Государственную думу. Больше всех голосов тогда получила партия Жириновского. Кто-то из интеллигентов в сердцах даже крикнул, что Россия одурела. И вместо Хасбулатова на протестном голосовании получила Жириновского. Но спикером парламента стал никому не известный Иван Рыбкин. И первый свой визит к президенту он начал с букета цветов, словно явился к невесте. Президент и его окружение сразу оценили масштаб ни чтожности нового спикера. И все поняли, что с ним проблем не будет. Во всяком случае, таких, как с профессором Русланом Имрановичем Хасбулатовым, которого просто выбросили из активной политики.

У меня на родине тоже произошли серьезные изменения. Народный фронт не сумел удержаться у власти даже год. Группа некомпетентных и малосведующих людей не смогла управлять государством. К тому же в Гяндже началось военное столкновение, которое могло привести к гражданской войне. Президент Абульфаз Эльчибей сбежал в далекое горное село, находящееся в Начихеванской Республике. И тогда к власти в стране пришел человек — единственный, кто мог остановить этот хаос и навести порядок в государстве. Это был бывший генерал КГБ и бывший член Политбюро, бывший первый секретарь ЦК Компартии ресpublики и бывший первый заместитель Председателя Совета Министров СССР Гейдар Алиев. Нарочно вспомнил здесь все его титулы. Он был настоящим государственником и понимал, как нужнс укреплят государство. В девяносто третьем Алиев просто остановил развал своей республики на отдельные регионы. Это была его безусловная заслуга.

А я остался без работы и даже подумывал, не вернуться ли мне в Баку. Но неожиданно меня позвали на встречу с Петром Петровичем. Я встретился с моим куратором на конспиративной квартире, абсолютно не предполагая, куда меня могут перевести и кому я вообще теперь нужен. Петр Петрович меня обрадовал, сообщив, что мне присвоено звание майора, хотя в этот момент я даже забыл, что могу продвигаться и по этой служебной линии. В неполные тридцать лет я стал майором.

Петр Петрович рекомендовал мне пойти на работу в новый банк, созданный совсем недавно. Это был набирающий силу «Мост-банк». Там меня приняли почти сразу. Руководителем службы безопасности в банке был бывший генерал Комитета государственной безопасности Филипп Бобков.

До сих пор не знаю, говорили ему про меня или нет. Но меня приняли на работу, и я начал получать зарплату ровно в четыре раза большую, чем в прежнем Верховном Совете.

ЛОНДОН. ВЕЛИКОБРИТАНИЯ. ТОТ САМЫЙ ДЕНЬ

Как только я закончил читать эти бумаги, то сразу осознал, какую «бомбу» держу в руках. И невольно с нарастающим уважением подумал о женщине, которая рискнула прилететь в Англию с этими документами, чтобы передать их Артуру Абрамову. Очевидно, они были раньше знакомы, так как доверять такие секреты могут друг другу только очень близкие люди. С другой стороны, мне теперь стала понятна ярость, с какой супруг актрисы выступал против Абрамова. Ведь она могла рассказать мужу о своих прежних отношениях с этим олигархом. Или не рассказала? Не знаю, не хочу гадать. Но мне Татьяна показалась очень мужественной женщиной, коли решилась приехать в Лондон с копиями таких документов.

Вот только было странно, как она смогла сделать эти копии? Обычно подобные документы очснь строго охраняются и не попадают в руки посторонних. А это были копии счетов и письма людей, почти все фамилии которых мне были знакомы. Достаточно было этим счетам появиться в газетах, как карьеры многих этих известных личностей закончились бы. И как Татьяна получила такие документы, откуда? И куда смотрел ее супруг, позволивший ей выехать с этими бумагами сначала в Испанию на отдых, а затем прилететь в Великобританию?

Не стану вас долго интриговать. Скажу вкратце, что там были банковские счета известных чиновников, вполне лояльных президенту и нынешней власти в России. Но судя по документам, они получали деньги от ряда зарубежных олигархов, которые переводились на их счета в офшорные зоны. Четыре известных чиновника получали такие деньги на свои счета. Четыре самых известных политика, близких к нынешнему президенту. Было среди этих бумаг и письмо одного из политиков к опальному олигарху, в котором он прямо указывал сумму, которую необходимо перевести на его счет. И другое письмо одного из членов правительства с просьбой приостановить расследование по делу другого олигарха. К этому письму был приложен счет, из которого было видно, сколько денег этот самый олигарх перевел чиновнику. Указанная сумма составляла триста тысяч долларов.

Я опустил голову. Господи, в какую же тайну я влез?! Что теперь будет? Было абсолютно ясно, что Татьяна хотела передать эти документы Абрамову. Вот почему сегодня утром он встречался с Филоненко. Наверное, хотел передать через него документы в газеты. Или нет? Тогда зачем Артур и Татьяна решили встретиться в отеле, в центре Лондона? Ведь Артур мог приехать на встречу с ней в аэропорт. Или сам слетать в Испанию. Нет, так тоже не получается. На их встрече должен был присутствовать кто-то третий. Возможно, Филоненко. Или кто-то другой.

А что мне теперь делать? Ждать Артура, когда он приедет? Передать ему документы и спокойно уехать домой? Не получается. Как только Абрамов завладеет этими документами, он сразу потеряет интерес и к судьбе этой женщины, и к ее перевозке в Испанию. Я немного знал Артура, вернее, хорошо его знал. Он не станет рисковать после того, как получит документы. Тем более его не будет заботить репутация женщины, которая рискнула всем и прилетела ради него в Лондон. Он эгоист, ему абсолютно наплевать на все, что не касается его лично. А может, Артур все-таки любит эту женщину? Тоже нет. Когда я с ним беседовал, он даже не поинтересовался у меня ее состоянием. Любящие люди так себя не ведут.

Нужно было быстрее решать. Через сорок минут здесь будет Абрамов со своими людьми. Может, позвонить в Москву и сообщить о бумагах, которые у меня есть? Можно сделать копии и переслать их в Москву. И что тогда получится? Там сразу вычислят, что эти документы привезла в Лондон Татьяна Негачкова. Если документы попадут к кому-то из друзей этих четверых, то участь женщины будет сразу решена. Ее просто удавят в больнице, и она не доживет до завтрашнего утра. Если документы попадут в руки врагов этой четверки, то, возможно, она проживет еще сутки или двое. Но потом ее удавят другие люди. Черт возьми, зачем я позвонил и сообщил о том, что она прилетела? Теперь мой куратор будет ждать, когда я сообщу ему об этих документах. И в любом случае Татьяна Негачкова будет обречена. С той лишь разницей, что получится небольшая задержка во времени. Такие документы не должны появляться у посторонних людей. И тем более не должны быть опубликованы.

Как только эти бумаги появятся у Артура, он сможет начать шантажировать тех, чьи счета там указаны. И сразу станет очень значительной фигурой среди эмигрировавших олигархов, человеком, с которым всем придется считаться. Даже президенту. Ведь эти документы могут быть опубликованы в английской печати. Если Артур собирается шантажировать подобным образом Кремль, то и в этом случае участь Татьяны Негачковой предрешена. Нет, этого я допустить не мог. Я просто не имел права так ее подставить. При любом исходе событий она становится крайней. И зачем я так быстро позвонил своему куратору? Можно было немного подождать, никто меня не торопил. Но с другой стороны, я не звонил в Москву уже несколько дней. Там могли решить, что им не стоит содержать такого офицера, который предоставлен сам себе и не передает никакой информации.

Нужно было принимать решение. Прямо сейчас. Артур должен был приехать уже через тридцать пять минут. А как только приедет, сразу потребует эти документы.

Значит, нужно сделать так, чтобы он их не увидел. Судя по всему, Татьяна до вечера все равно не очнется. Можно будет увезти ее в Испанию, а потом придумать что-нибудь про потерянные в аварии документы. Нужно будет сделать именно так, чтобы не подставлять несчастную женщину. Когда она придет в себя, я сам передам ей эти бумаги, и пусть она сама решит, что ей с ними делать. Возможно, Татьяна вовсе не хотела передавать их Артуру. Ведь наличие документов в ее сумочке еще не говорит о том, что она готова отдать их Абрамову. Возможно, они хотели встретиться и поговорить совсем о других проблемах.

В общем, я принял решение. Никто не узнает про эти документы, пока сама Татьяна не решит их судьбу. Я все еще помнил, как был влюблен в нее во время учебы в университете. Я все еще считал себя виноватым за эту глупую аварию, когда неизвестно откуда появившийся «Фольксваген» протаранил нашу машину. И поэтому принял, наверное, самое неправильное решение в своей жизни. Если бы я все тогда знал! Если бы знал, возможно, поступил бы как-то иначе. Или не стал бы вообще вмешиваться в эту историю. Если бы я с самого начала все понял! Но я ничего не знал и ничего не понимал. Я только помнил о красивой женщине, которая пострадала в моей машине, и о документах, которые нашел в ее сумочке.

ГОД ТЫСЯЧА ДЕВЯТЬСОТ ДЕВЯНОСТО ЧЕТВЕРТЫЙ

В тот год я познакомился с Артуром Абрамовым. Он тогда был худым, застенчивым мальчиком, который только делал первые шаги в бизнесе. В то время «Мост-банк» обещал вырасти в один из самых крупных банков страны. Мы активно скупали московскую недвижимость, через нас проходило много государственных платежей. Можете себе представить, чтобы частный банк обслуживал счета министерств и ведомств, получая бюджетные деньги? Мы тогда взяли офис напротив московской мэрии на уже переименованной в Тверскую улице Горького.

Наш банк входил в финансовую империю нового олигарха, который только начинал строить эту империю. Его звали Владимир Гусинский. Нужно отдать ему должное — он окружил себя очень талантливыми людьми. Когда они решили создать новый канал НТВ, то просто генерировали идеями. Рассказывают, что совещания у Гусинского превращались в обмен идеями, когда почти каждый выдавал очередное новаторское предложение, вносил свой личный вклад в создание нового телевизионного канала.

Гусинский становился настоящим медиа-магнатом, и это начинало раздражать людей, входивших в окружение Ельцина. Эти люди вдруг начали понимать, что пока они играли в государственность, кто-то обошел их на крутом вираже, создав не только свою информационную компанию, но и посмел стать очень богатым человеком в стране, где все должно контролироваться государством. Это было первое столкновение между властью и бизнесом, первый эпизод той грандиозной войны, которая затем вспыхнет в России уже при новом президенте и приведет к ожесточенному противостоянию.

В окружении Ельцина начали доминировать силовики, сумевшие доказать свою лояльность в октябре девяносто третьего года. Они полагали, что государство — это не просто президент, но и его ближайшее окружение, своего рода новые бояре, которые и должны помогать царю управлять страной.

Коржаков, Барсуков, Сосковец, Егоров, Грачев, можно перечислить еще несколько фамилий. Но конечно, главным было противостояние всесильного руководителя службы охраны с известным бизнесменом. Дело завершилось тем, что сотрудников службы безопасности «Мост-банка» просто уложили лицом в снег, а напуганный Гусинский в первый раз сбежал из страны.

Коржаков выглядел победителем. Он, конечно, был убежден, что помогает своему боссу сохранять власть. Но сама природа власти такова, что она развращает любого, кто оказывается на вершине. Коржаков решил, что ему дозволено все для сохранения власти его патрона, которому он, безусловно, искренне служил. Его победа в девяносто четвертом обернулась его поражением в девяносто шестом, когда он также решил немного помочь своему шефу и просчитался. На этот раз Ельцин поддержал совсем других людей. Но это произошло только через два года. А пока мы лежали в снегу, не понимая, чем все это закончится.

Закончилось плохо. Грачев после победы над Верховным Советом, очевидно, решил, что он гениальный полководец, и убеждал Ельцина устроить маленькую победоносную войну в Чечне. К тому времени положение в этой небольшой республике серьезно осложнилось. Генерал Дудаев был хорошим советским офицером, но, попав в Чечню, словно изменился. Его непонятные скандальные и оскорбительные заявления явно раздражали Ельцина. В газетах начали появляться статьи о том, как Дудаев и его окружение ненавидят русский народ. Учитывая, что жена Дудаева была русской, это было по меньшей мере неумно. Но двадцать пятого ноября чеченская оппозиция и переданные им российские танкисты пошли на штурм Грозного, который сразу провалился.

Несчастных офицеров и солдат, подставленных их руководством, показали по телевизору на весь мир. Медлить было уже опасно. Грачев заявил, что возьмет Грозный силами двух полков. Одиннадцатого декабря в Чечню начали вводиться федеральные силы. Еще можно было попытаться начать диалог, договориться, удержаться от военного противостояния, которое в конечном итоге приведет к массовым жертвам. Но ни одна из сторон уже не хотела уступать. Коса нашла на камень. Четырнадцатого декабря Ельцин приказал Дудаеву разоружиться. А тридцать первого декабря начался печально известный второй штурм Грозного. На этот раз силами российский войск.

Весь мир видел, как горели российские танки на улицах столицы Чечни, как погибали российские офицеры и солдаты. Знаете, что было самое печальное? Я вам скажу. Против российской армии воевала армия во главе с бывшими советскими офицерами — генералом Дудаевым и его начальником штаба полковником Масхадовым. Такие офицеры были в Советской армии, которую мы похоронили при развале большой страны.

И еще немного про развал. Летом девяносто четвертого из объединенной Германии выводили российские войска. Туда полетел президент Ельцин. Что там происходило — видел весь мир. Это был даже не позор, это было за гранью всего разумного. Вспомним немного нашу историю. Как входили советские войска в Германию, какие жертвы они несли, сколько погибших мы оставили только на Зееловских высотах. Говорю «мы», потому что в Советской армии сражались представители всех национальностей, всех народов бывшего Советского Союза. На полях Германии погиб и старший брат моего отца. Вечная им память, героям, освобождавшим мир от фашистской заразы.

И вспомните, что творилось к этому времени в средствах массовой информации России и остальных стран СНГ, не говоря уже о Прибалтике. Нам все время внушали подлые мысли, что никакой победы советского народа не было. Что мы просто завалили немцев трупами, что войну выиграли «заградотряды», которые стояли за спинами наших войск, что наши полководцы были бездарные и опустившиеся офицеры, боявшиеся принимать смелые решения, что Сталин был параноиком и не понимал хода войны. Что не было массового подвига партизан. Что подвиги Гастелло, Матросова, Космодемьянской были придуманы советской пропагандой. В общем, вся война — это лишь советская пропаганда.

Нашлись и такие, кто верил в эту чушь. Нашлись и такие, которые подкрепляли эти выдумки своими надуманными фактами. Все это было абсолютной ложью. Войну с таким невероятным противником, как Германия, нельзя было выиграть «заградотрядами». Ее нельзя было выиграть, «заваливая трупами» самую лучшую армию того времени. Немцы не просто покорили всю Европу.

Они разгромили далеко не слабые французские и английские армии, разбили польскую армию, которая умудрилась в двадцатом году нанести поражение даже Красной армии, взяли Норвегию, Данию, Бельгию, Голландию, Югославию, помогли итальянцам одолеть Грецию.

Немецкая армия была не только самой технически обеспеченной армией в мире. На ее стороне была экономика почти всех стран Европы. На стороне немцев было техническое превосходство их самолетов и танков, штурмовых орудий и самоходок, организованность и дисциплина солдат вермахта, начиная от рядовых и кончая фельдмаршалами. И эта армия проиграла только потому, что ей противостояла еще более сильная армия. Только так, а не иначе.

Среди советских полководцев появились выдающиеся военачальники, организация тыла была почти идеальной, советские конструкторы выдали новые танки, самолеты, орудия, не уступавшие, а часто и превосходившие лучшие немецкие образцы. Но самое главное — люди. Никакая техника не может выиграть войну. Ее в конечном счете выигрывают люди. Обычные люди, которые своим массовым героизмом сначала остановили врага, а затем и погнали его прочь. Победить людей, которые верят в свою страну и в свою победу, невозможно. Тысячелетний опыт истории показывает: такие армии и народы непобедимы.

Такой была и наша победа в сорок пятом. Так Советская армия входила в Германию. Такую победу сдал немцам Михаил Горбачев, позволивший объединенной Германии остаться в военном блоке НАТО, нацеленном против его собственной страны. Но еще большую боль и стыд вызвало поведение Бориса Ельцина во время вывода российских войск из Германии. Он приехал в страну и вышел к людям не просто в плохом состоянии. Он был в невменяемом состоянии, и на это нельзя было смотреть без душевного содрогания. Выхватив палочку у дирижера под хохот германских официальных лиц, Ельцин дирижировал выводом войск из страны. Нужно было видеть, как смеялись немцы, нужно было видеть глаза российских офицеров и генералов, вынужденных терпеть это безобразие. До сих пор удивляюсь их выдержке. Кто-то мог просто крикнуть своему верховному главнокомандующему одно слово: «Прекратить!» Или другие слова. В русском языке для этого есть большие возможности. Но они молчали. Стиснув зубы молчали. Пьяный президент закончил дирижировать, и его увели. Войска начали погрузку в эшелоны.

Вот так вошли в Германию советские войска и так оттуда выводили российскую армию. Высокая трагедия была превращена в фарс. Не знаю, как вы, а я лично этого «дирижирования» никогда не забуду. Хотя бы в память о моем дяде, погибшем в Германии.

ЛОНДОН. ВЕЛИКОБРИТАНИЯ. ТОТ САМЫЙ ДЕНЬ

Артур прибыл раньше срока. Минут на пятнадцать. С его деньгами и возможностями было бы странно, если бы он не сумел договориться. Он приехал не один. С ним был улыбающийся Владик, начальник его службы безопасности, и еще несколько «горилл». Они приехали на трех машинах и еще доставили большой реанимобиль. Нужно сказать, что во дворе небольшой больницы Саттона никогда не было таких шикарных машин.

Артур сразу подошел ко мне.

— Ты получил ее вещи? — и снова не спросил меня о состоянии Татьяны. Его интересовало только содержимое ее сумочки.

— Получил. — Я вполне понимал его нетерпение, но хотел, чтобы он подергался, ему все равно ничего не светило.

— Где они? — оживился Артур.

— Лежат в кресле, — я показал на сложенные пакеты, — там все, что я получил.

— Владик, быстро посмотри, — приказал Артур.

Владик подошел к вещам и очень профессионально, быстро и ловко осмотрел их. Конечно, он ничего не нашел. В сумочке были только косметика, мобильный телефон и еще какие-то мелочи. Паспорт Татьяны находился у главного врача. Нам его пообещали отдать, когда мы погрузим женщину в наш реанимобиль.

— Ничего нет, — сообщил наконец Владик, поднимая голову.

Артур нахмурился. Он явно нервничал. Посмотрел по сторонам, очевидно, что-то решая для себя. Затем обернулся ко мне:

— Ты все получил? Может, у нее была еще какая-нибудь сумка?

— Нет. Выдали все, кроме паспорта.

Артур подошел к Владику и внимательно посмотрел на него. Если бы я не знал Артура столько лет, то мог бы принять неверное решение. Но я примерно знал, как он думает. И поэтому совсем не удивился, когда Артур вдруг решительно повернулся ко мне и громко спросил:

— Исмаил, у нее не было с собой никаких документов?

— Какие документы? — Я сделал удивленное лицо. Пусть немного понервничает, при его деньгах это даже полезно. Немного чистого адреналина в кровь.

— У нее в сумочке должны были находиться документы, — зло проговорил Артур. — Ты не видел никаких документов? Возможно, это были копии счетов или копии писем.

— Ничего не видел, — сделал я изумленное лицо. Мне нужно было сыграть как можно убедительнее. Но только не для Владика. У него какой-то звериный инстинкт. Он умел чувствовать ложь другого человека. Владик посмотрел на своего шефа, и тот неожиданно кивнул головой. Я так и думал. Владик подошел ко мне и улыбнулся.

— Извини, — сказал он мне, — если можно, подними руки.

Возражать или обижаться было глупо. Артур по-настоящему не доверял никому, даже Владику. Иначе он его послал бы за Татьяной Негачковой, а не меня. Может, я был единственный, кому он еще немного верил. Но не в этом случае. Исчезли слишком важные документы, чтобы не проверить сразу все, на месте.

Я покорно поднял руки. Владик также ловко обыскал и меня. Затем сделал шаг в сторону и покачал головой. Артур чуть смущенно отвернулся, ему все-таки было стыдно за проявленное ко мне недоверие. А я улыбнулся. Как я сумел просчитать этих двух типов? Я точно знал, что они меня обыщут.

— Извини, — негромко произнес Артур. — Ты должен меня понять. Это очень важные документы.

— Понимаю, — выдал я счастливую улыбку. Пусть мучаются гады, пусть поищут эти документы.

— Где твоя машина? — спросил меня Абрамов.

— Не знаю. Приехал эвакуатор, и ее куда-то увезли. Наверное, в страховую компанию. В полиции могут точно знать.

— Владик, — приказал Артур, — пошли кого-нибудь из ребят в полицию. Пусть узнают, куда отбуксировали машину Исмаила. И пусть проверят в машине, возможно, она успела сунуть бумаги в кармашек дверцы.

Ты не проверял салон автомобиля после аварии? — спросил он у меня.

— Нет, конечно. Мне было не до того. Там была такая авария!

— Вижу по твоей руке. Сильно пострадал?

— Ерунда. Мне уже наложили повязку. Все нормально.

— Где лежит Татьяна?

— На втором этаже.

— В сознании?

— Нет. Я недавно к ней поднимался. Она получила очень сильный удар. Ей поставили капельницу. И наложили гипс на ногу. В общем, она будет жить, но врачи считают, что лучше ее никуда не перевозить.

— Ты не договорился? — сразу встрепенулся Артур. — Я же тебе приказал...

— Конечно договорился. Но я должен вам сообщить мнение врачей.

— Чихал я на их мнение! — еще больше разозлился Абрамов. — Когда мы сможем ее увезти?

— Прямо сейчас. Но с нами поедет кто-нибудь из местных врачей, будет сопровождать ее до больницы в Барселоне. Они считают, что ее состояние может ухудшиться во время перелета. Я согласился на их врача.

Но мы потом должны будем доставить его обратно в Лондон.

— Это-то не проблема, — недовольно проворчал Артур. — Самолет все равно вернется в Лондон.

— Тогда все в порядке.

— Ничего не в порядке, — зло прервал меня Абрамов. — Она везла мне документы, а их нигде нет. Может, ты что-то путаешь и у нее была еще какая-нибудь сумочка? Или папка?

— Ничего не было. Я же не идиот. — Как мне было приятно произнести это слово. Ведь совсем недавно он дважды называл меня «идиотом». Пусть мучается сукин сын, так даже приятнее.

— А ее никак нельзя привести в сознание? — спросил меня Артур.

— Нет. Ей недавно сделали укол, и она сейчас спит. И вряд ли проснется раньше восьми-девяти часов вечера.

— Черт возьми! — выругался Артур. — Тогда зачем мы везем ее обратно в Испанию? Пусть подыхает здесь, но скажет нам, куда засунула эти бумаги. На ней есть какое-нибудь белье? Она ведь была в брючном костюме? Может, засунула в карман?

— Ее костюм лежит здесь. — Я показал на пакеты, обратив внимание, с каким пренебрежением он сказал «пусть подыхает здесь». Нет, Татьяна явно не была дамой его сердца. — Сейчас она в больничной одежде. Там ничего нет, — добавил я.

— Может, она прилетела без документов? — вдруг вступил в разговор хитроумный Владик.

— Как это — без документов? — сразу взорвался Абрамов. — Тогда зачем она нам нужна? Может, она и паспорт не взяла? Что ты глупости говоришь? Она что, решила Лондон посмотреть? Прокатиться захотела туда-обратно? Показать свою узнаваемую рожу английским пограничникам?

Вот так грубо и бессовестно он говорил об этой красивой женщине. Как только ему было не стыдно? И я еще раз подумал, что сделал правильно, спрятав эти документы. Пусть Артур теперь ищет, пусть даже разденет меня до нитки. Все равно ничего не найдет. Не тот случай.

— Ладно, хватит, — решил Абрамов. — Исмаил, поднимись наверх и приготовь все для ее перевозки. Пусть там тебе помогут. А я позвоню нашему доктору.

— Кому? — не понял Владик.

— Альберту Ромуальдовичу, — усмехнулся Артур. — Пусть полетит с нами. Возможно, он сумеет привести ее в чувство во время полета и она расскажет нам, куда подевались ее документы.

— Но Альберт Ромуальдович дантист, — невольно напомнил я шефу.

— И очень хорошо, — криво улыбнулся Артур, — он коновал, а такие специалисты умеют приводить в чувство даже мертвых. Если понадобится, он сделает ей еще один укол и приведет ее в чувство...

— Но у нее гематома, — невольно вырвалось у меня.

Абрамов подозрительно глянул на меня, потом на Владика.

— Если вы оба начнете мне возражать, то я просто сейчас лопну от злости, — недовольно признался он. — В общем, так. Исмаил, ты идешь наверх и готовишь ее к эвакуации. Собери кого нужно. И пусть с нами полетит их врач. Кого они нам дадут? Мужчину или женщину?

— Не знаю.

— Так узнай. И побыстрее. Мы должны уже выезжать в аэропорт. А я позвоню нашему врачу, пусть ждет нас прямо на взлетной полосе. Владик, забери ее вещи. Может, они ей еще понадобятся.

Я пошел по коридору в сопровождении двух «горилл» Владика. И впервые подумал, что невольно подставил красивую женщину. Артур не успокоится, пока не узнает, где находятся документы. Он готов даже вызвать своего дантиста, чтобы любым способом привести ее в чувство и задать только один вопрос — куда делись бумаги из ее сумочки. Он ведь не подозревает, что все эти бумаги я спрятал. И спрятал так надежно, что он их не найдет.

Я медленно шел по коридору, все еще размышляя, как мне следует поступить. И в этот момент вдруг раздается знакомая мелодия моего мобильного телефона.

ГОД ТЫСЯЧА ДЕВЯТЬСОТ ДЕВЯНОСТО ПЯТЫЙ

В феврале у нас с Ирой родился сын. Мы назвали его Эльдаром. И через два месяца переехали в новую квартиру. «Мост-банк» выдал мне специальный кредит на приобретение жилья, и я купил хорошую трехкомнатную квартиру на Ленинском проспекте. Если учесть, что я продал еще и мою прежнюю двухкомнатную, то денег хватило не только на новое жилье, но и на хорошую мебель. И не забывайте, что я еще получал деньги как офицер службы разведки, но эти рубли я переводил в доллары и держал их на особом валютном счете в другом банке.

Гусинский вернулся в Москву, канал НТВ стал ведущим каналом среди всех остальных. Его информационные передачи отличались аналитическим подходом и независимостью. Нам всем тогда импонировала политика этого канала. Уже много лет спустя я понял, что критики, которые сразу появились, были тоже правы. В Чечне шла настоящая война, а на канале стали появляться откровенно ангажированные передачи, и не в пользу официальной Москвы.

На юге шла война. Потом подсчитают, что во время первой Чеченской войны погибло до восьмидесяти тысяч человек. Вот такие жертвы были с обеих сторон. Что еще добавить? Безумная война, в которой изначально не могло быть победителей. Самое поразительное, что чеченцы уже были интегрированы в структуру российского бизнеса и общества. Они совсем не собирались выходить из состава России, что подтвердили последующие события. Нужно было научиться договариваться. Я помню, как в Верховный Совет в начале девяностых приезжали делегации Татарстана. Тогда противостояние с Казанью было гораздо опаснее, чем противостояние с Чечней. Шаймиев не шел ни на какие компромиссы. Все помнили известную фразу Ельцина, которая нанесла столько вреда стране: «Берите столько суверенитета, сколько сможете». И все брали. Но Шаймиев оказался умнее, он вовремя понял, когда нужно остановиться. И в результате пересидел всех, устраивая двух российских президентов и нескольких премьеров.

Похожая ситуация была и в Ингушетии. Когда началась война в Чечне, ингуши помогали своим соседям всем, чем могли. Но их лидер, генерал Аушев, тоже оказался достаточно прагматичным и осторожным человеком. Он не позволил втянуть свой народ в войну. А сменивший его другой генерал был уже представителем ФСБ, и ни о каком противостоянии не могло быть и речи. Вот так. Политики обязаны думать о своем народе больше, чем о собственных амбициях. С этой точки зрения за первую Чеченскую войну безусловную личную ответственность несут оба лидера — Ельцин и Дудаев, которые так и не смогли договориться, причинив своим народам неимоверные страдания.

Политики вообще странные люди, они умеют радикально менять свои взгляды, приспосабливаясь к обстоятельствам. Или упорствовать в своих заблуждениях, не признавая собственных ошибок.

Пятого ноября Генеральным секретарем НАТО стал министр иностранных дел Испании Хавьер Солана, представитель социалистической партии, который в свое время категорически возражал против самого членства его страны в НАТО. Именно этот интеллигентный социалист, интеллектуал и книжник отдаст приказ бомбить Югославию. Именно с его подачи в воздух поднимутся натовские самолеты, которые будут убивать ни в чем не повинных людей. Солана, личный друг великого колумбийского писателя Габриэля Гарсиа Маркеса, который так и не сможет объяснить своему «гибкому» другу разницу между цинизмом и компромиссом.

Уже в начале следующего года убрали и министра иностранных дел России Андрея Козырева. Я полагаю, что в мировой истории трудно найти министра, который так долго и целенаправленно сдавал бы интересы своей страны, как это делал Козырев. Ну, может, еще и Шеварднадзе, но тот просто не понимал, что делал. Так и не выучивший русский язык, не сумевший разобраться в обстановке, бывший лидер грузинской компартии, всерьез уверявший своих земляков, что для Грузии «солнце встает на севере», сдал все, что можно было сдать. Может, поэтому его так не любят в республиках бывшего Советского Союза и так не уважают в собственной стране. А Козырев просто был министром иностранных дел, представляя интересы совсем другой страны, которая потом взяла его на содержание, сделав членом совета директоров крупной фармацевтической компании. За шесть лет внешняя политика России была по существу лишь отражением политики заокеанского партнера. Со всеми вытекающими отсюда последствиями.

Четырнадцатого июня началась трагедия Буденновска, когда Шамиль Басаев и его боевики захватили местную городскую больницу. Неудачная попытка штурма привела к многочисленным жертвам. И тогда

Черномырдин взял на себя ответственность и начал переговоры. Его многие упрекали и за эти переговоры, и за то, что он дал возможность окруженной группе Басаева вернуться в Чечню. Но Черномырдин этим спас сотни жизней. В тот момент казалось, что он сотворил невозможное. Однако специфика таких захватов как раз в том, что здесь нельзя договориться ни при каких обстоятельствах. В Израиле существует закон, по которому никто и никогда не имеет право договариваться с террористами и давать им какие-либо гарантии. Именно поэтому в Израиле за столько лет не было захватов заложников, школ, больниц, автобусов. Все точно знают, что израильское правительство просто законодательно ограничено в своих возможностях и не имеет права идти на переговоры. Есть только одно решение вопроса — уничтожение всех даже при угрозе гибели собственных граждан.

Будущее показало, что Черномырдин ошибся и война продолжалась еще много лет с многочисленными захватами заложников и гибелью мирных жителей. Кстати, об Израиле. В самом Израиле тоже произошло почти невероятное событие. Четвертого ноября в Тель-Авиве застрелили героя израильского народа, премьер-министра страны Ихкака Рабина. Лучшие в мире спецслужбы не смогли защитить своего премьера от террориста, которым оказался другой еврей — Игал Амир.

Этот год вообще был богат подобными событиями. Девятнадцатого апреля в Оклахоме местные фашисты взорвали бомбу на автостоянке под административным центром. Тогда погибло сто шестьдесят шесть человек и более четырехсот были ранены. А в Боснии и Герцеговине шли наиболее ожесточенные сражения: сербы, хорваты и мусульмане, представлявшие по существу один народ и говорившие на одном языке, убивали друг друга в ожесточенных сражениях, часто вырезая целые деревни и села, проводя политику этнических чисток.

К середине девяностых годов в самой России продолжалась так называемая «криминальная революция». Во время раздела собственности, оставшейся в наследство от прежних времен, шел небывалый отстрел крупных бизнесменов. В девяносто пятом году ежедневно (!) происходило по два убийства. К концу года таких преступлений насчитывалось более пятисот. Криминальный беспредел, кажется, уже невозможно было остановить. В народе ходили осторожные слухи о специальных отрядах МВД и ФСБ, которые сами проводят несанкционированный отстрел наиболее одиозных бандитов и преступных авторитетов.

Среди погибших было много «воров в законе», которые также пытались прибрать к рукам легальный бизнес. В крупных городах практически весь местный бизнес контролировался различными преступными группами. На этом фоне первого марта произошло самое громкое убийство: в подъезде своего дома был убит Владислав Листьев, популярный журналист, отвечавший за размещение рекламы на первом канале. Президент Ельцин обещал лично проследить за расследованием этого убийства, но оно так и осталось нераскрытым. И не потому, что никто не может это сделать или никто не знает, кому была выгодна смерть Листьева. Все прекрасно знают, кто стоит за этим преступлением и кому было выгодно устранение известного журналиста. Но прямых доказательств найти так и не удалось.

ЛОНДОН. ВЕЛИКОБРИТАНИЯ.
ТОТ САМЫЙ ДЕНЬ

Мой телефон зазвонил в самый неподходящий момент. Правда, это был мой «английский» телефон, о котором знал Артур. Я обернулся, и он посмотрел на меня так, словно я уже в чем-то виноват. Стараясь не нервничать, я спокойно достал мобильник.

— Слушаю вас, — постарался произнести я как можно естественнее. Ведь на этот телефон не должен звонить мой куратор. Они знают, что у меня есть для связи с ними совсем другой аппарат. Но с изумлением вдруг услышал голос куратора. За всю мою жизнь мне никто ни разу не звонил оттуда.

— Ахав, немедленно уходите, — приказал мне мой куратор. — Бросайте все и уходите. Это слишком опасно. Вы меня понимаете?

— Что вы сказали? — Я понял, что случилось что-то абсолютно невероятное, если мне позвонили на этот телефон.

— Уходите, — повторил куратор, — вам нельзя там оставаться.

Только этого не хватало! Куратор отключился, а я покосился на обоих охранников, которые шли за мной. Кажется, они ничего не слышали. Но в любом случае лучше, чтобы таких звонков не было. И никуда уйти я все равно не мог. Эта несчастная женщина лежала в палате одна, и если бы я вдруг исчез, ее не оставили бы в покое. Я представил, как они поместят ее в самолет, а этот дантист сделает ей нужный укол и приведет в чувство. Представил, как разозлится Артур, когда узнает, что бумаги были у нее в сумочке. Нет, я просто не имел права оставить ее одну. Я был обязан полететь вместе с ней.

Мы поднялись по лестнице, и я вошел в ее палату. Татьяна лежала, закрыв глаза, но по-прежнему была красивая и недоступная. К ней подключили капельницу и достаточно толстая игла торчала у нее в вене. Я не могу смотреть без содрогания на подобные вещи. Рядом с бедной женщиной сидела медсестра. Увидев меня, она махнула рукой, чтобы я вышел из палаты. Но я не вышел.

— У меня есть разрешение главного врача, — осторожно объяснил я медсестре.

Она снова замахала руками, похоже, ничего не поняла. Мне пришлось минут пять объяснять ей, куда и зачем мы должны перевести больную. Наконец к нам в палату поднялся врач, которого отрядили сопровождать нас до Барселоны, — молодой человек лет тридцати, то ли индус, то ли паки-станец. У него были глубоко запавшие глаза с большими темными мешками, черные во-лосы, характерный цвет кожи. Звали его Радж, он объяснил, что будет нам помогать во время нашего перелета в Испанию. Врач разрешил нам перенести Татьяну на специ-альные носилки, которые, раскрыв, можно было превратить в большую каталку. Мы ос-торожно перенесли женщину, кто-то при этом держал капельницу. И так же осторож-но выкатили ее в коридор.

В больнице все было оборудовано для таких перевозок. Мы ввезли каталку в большую кабину лифта, затем вывезли ее на первом этаже, провезли по специально-му проходу во двор, где нас уже ждал реа-нимобиль. Врач первым залез в машину, за-тем мы внесли носилки, подняв колесики. Наконец устроились. У врача с собой был небольшой чемоданчик. Рядом с водителем уселся один из охранников Абрамова. Я по-нимал, что мне нельзя садиться в этот авто-мобиль, чтобы не вызвать ненужных подоз-рений. Но как быть, если Артур вдруг решит оставить меня в Лондоне? Между тем машина медленно отъехала от больни-цы.

Артур вместе с Владиком и еще двумя телохранителями вышел во двор и недовольно посмотрел на меня.

— А ты почему не поехал? — Наверняка он даже не представлял, как приятно мне было слышать этот вопрос.

— Вы ничего не сказали, вот я и решил, что там не нужен. — Это был очень опасный момент. Артур мог согласиться и уйти. Нельзя было дать ему расслабиться, поэтому я продолжил: — Я думал, конечно, будет лучше, если, очнувшись, она увидит рядом с собой меня. Я ведь был последним, кого она запомнила по Лондону. — Эти слова следовало произнести так, чтобы Абрамов задумался. И я произнес, иначе он просто не взял бы меня с собой.

Молчание длилось целую минуту. Артур думал. Наконец согласно кивнул.

— Поедешь с нами, — решил он. — Садись во вторую машину. Мы едем в аэропорт.

— У меня были другие планы, но раз вы настаиваете... — сказал я на всякий случай и покорно сел во вторую машину.

Теперь у меня было алиби. Я не хотел ехать в аэропорт и даже не сел в реанимобиль, и только Артур сам настоял на том, чтобы я поехал вместе с ними.

Наши машины выехали из Саттона своеобразной кавалькадой. Впереди автомобиль самого Артура, следом реанимобиль, и замыкала цепочку еще одна машина. Третий автомобиль Артур послал в город. Я сидел в последней машине и размышлял над неожиданным звонком своего куратора. Что происходит? Почему он вдруг позвонил и передал мне такое указание? Что это значит: «Бросьте все и уходите»? Означает ли это, что меня могут разоблачить? Или какая-то опасность связана с появлением в Лондоне Татьяны? Но почему это опасно? Что может быть опасного в обществе несчастной женщины, у которой сломаны нога и два ребра?

Пока мы ехали в аэропорт, я сжимал в кармане оба телефона. Может, мне лучше перезвонить и уточнить? А может, еще лучше — просто послать им по факсу эти документы и забыть об их существовании? Но что тогда будет с этой женщиной? Я виноват в том, что она сейчас находится в реанимобиле. Если бы Татьяна доехала до «Дорчестера», я мог бы со спокойной совестью оставить ее с Артуром. В конце концов, она знала, куда и к кому едет. А сейча уже не мог. Мне ее было просто жалко. Во-первых, Артур не поверит, что она потеряла документы. А во-вторых, она могла просто не понять, что именно с ней произошло. После такой аварии вполне могла забыть о том, что с ней случилось. И этим вызовет еще большую ярость Артура. И вообще мне стало интересно, что все-таки связывало Абрамова с Татьяной. Но я не хотел гадать. В тот момент для меня было самым главным оказаться в самолете, который полетит в Испанию. А там будет видно, чем я смогу ей помочь.

Наши автомобили подъехали к аэропорту. На светофоре немного притормозили. Здесь стояли большие ангары и невысокие деревья среди густого кустарника. Я откинулся на заднее сиденье. И в этот момент вдруг что-то произошло. Как будто кто-то забросал нашу машину камнями. Один камень, второй, третий... Кто это хулиганит? В первую секунду я не понял, что это пули. По-моему, растерялись и охранники. Но в следующий момент мы с ужасом увидели, что появившиеся из-за ангара двое неизвестных стреляют по нашим автомобилям из автоматов. Грохота выстрелов мы не слышали, поэтому сразу и не поняли, что удары камнями на самом деле были выстрелами. Двое неизвестных поливают нас свинцовым огнем.

Мы опомнились только тогда, когда наш водитель дернулся и захрипел. Очередь пробила стекло, и две пули попали в него. В первый автомобиль стрелять было бесполезно. Это был бронированный автомобиль Артура, который мог выдержать и не такую стрельбу. А вот нашей машине и реанимобилю досталось серьезно. Водитель нашей машины был убит, а сидевший рядом с ним охранник успел вывалиться из машины, доставая оружие.

Он первым и открыл стрельбу. Затем опомнился Владик, который тоже выскочил из машины, помогая своему охраннику. Из реанимобиля выскочил еще один телохранитель. Втроем они отогнали нападающих. Кажется, ранили одного из них. Хотя я не был уверен, потому что те очень быстро отступили. Владик был достаточно подготовленным профессионалом. Он не стал их преследовать, понимая, что прежде всего нужно вывести из-под обстрела шефа. Артур сидел в салоне своего автомобиля и молчал. Когда я подошел к его машине, он зло посмотрел на меня.

— Видишь, какие сволочи? — неожиданно произнес он. — Устроили цирк. У вас кого-нибудь задели?

— Убили водителя, — сообщил я ему.

— И другого водителя ранили, — доложил подошедший Владик. Он убрал оружие в кобуру под мышкой.

— Поздно вылез, — недовольно заметил Артур, — теряешь квалификацию.

— Ничего я не теряю, — спокойно возразил Владик, — они стреляли из автоматов с глушителем, поэтому я не сразу понял, что происходит. У нас машина бронированная, они все равно ничего нам не сделали бы. Но нужно срочно отсюда уезжать.

— Уезжаем, — согласился Артур. — Как там в реанимобиле? Кто-нибудь живой остался?

— Сейчас посмотрю. — Я сам решил все проверить. Поэтому подбежал к реанимобилю, открыл заднюю дверцу и увидел лежавшего на полу Раджа, всего в крови.

Я залез в машину. На белой простыне Татьяны тоже были капли крови. Но, похоже, не ее. Я поднял простыню. Так и есть. Не ее. Обернулся к Раджу.

— Я ранен, — прохрипел он. — Когда начали стрелять, я попытался ее спасти, закрыл своим телом.

Вот такие бывают врачи. Настоящие герои. Я с невольным уважением взглянул на этого человека. Он закрыл телом неизвестную ему женщину, свою пациентку, пытаясь ее спасти.

Я помог Радже выбраться из машины, усадил его на траву.

— Уезжаем! — крикнул Владик.

— Здесь раненый врач, — показал я на Раджа.

— Уезжаем! — снова повторил Владик, резко махнув рукой. Кто-то из его людей сел за руль реанимобиля, отодвинув раненого.

Я понял, что сейчас они уедут без меня, и быстро залез в реанимобиль. Владик приказал одному из своих людей, который сидел со мной в третьей машине, остаться на месте до приезда полиции. А мы быстро поехали дальше. Уже в аэропорту, в здании терминала, Артур приказал не звонить в полицию, чтобы вылететь как можно быстрее. Но Владик неожиданно заупрямился.

— Нет, — решительно заявил он, — вам нельзя никуда лететь. Если нас будут ждать в Барселоне, я не смогу вас защитить. У меня осталось двое ребят, один из которых ранен.

— Что предлагаешь? — спросил Артур.

— Оставайтесь, — предложил Владик, — вам нельзя лететь. Пусть полетят Исмаил и Альберт Ромуальдович. Я пошлю с ними кого-нибудь из наших ребят. А мы должны вернуться обратно. Вам нельзя лететь. Они могут ждать нас в Барселоне или на обратном пути.

Артур посмотрел на меня. Альберта Ромуальдовича еще не было, но он уже позвонил и сообщил, что подъезжает к аэропорту. Напряженное молчание длилось несколько секунд. Артур понимал, что Владик прав. Если их будет ждать засада в Испании или тем более на обратном пути, то Владик просто не сможет его защитить. В следующий раз нападающие могут появиться с более грозным оружием, если смогли организовать в Лондоне нападение с автоматами. «Интересно, где они хранят оружие и как провозят его в Великобританию, — заинтересовался я про себя. — Наверное, покупают у ирландцев. У тех осталось много оружия после заключенного перемирия».

— Полетите без меня, — решил наконец Абрамов. — Пусть Альберт Ромуальдович над ней поколдует. Я должен знать, куда она дела эти чертовы документы. Потом сдадите ее испанским врачам и прилетите обратно. Самолет будет ждать в аэропорту столько, сколько нужно. Ты будешь старшим, Исмаил.

— Я все понял. — В этот момент я подумал, что врач может не успеть на самолет.

Но он появился через несколько секунд. Краснощекий, загорелый, рыжеволосый, с выпученными глазами. По-русски Альберт говорил с большим акцентом. Артур отвел его в сторону, и они о чем-то пошептались. Потом врач кивнул головой и, захватив свой чемоданчик, пошел к самолету. Мы быстро соорудили из носилок каталку и, вытащив Татьяну из реанимобиля, внесли ее в небольшой самолет, уже готовый к взлету.

Оба пилота ждали наших указаний. Одному было лет пятьдесят, другой помоложе. У старшего были щегольские тонкие усики и такое лицо, словно он был испанским аристократом, а не английским летчиком. Второй выглядел более грубым и кряжистым. Еще в салоне самолета находилась стюардесса, которой было лет семьдесят или около того. Я понимал, конечно, что ей

162

лет тридцать пять, но выглядела она гораздо старше своих лет. С морщинистым лицом, невысокая, с какой-то непонятной челкой и редкими волосами. На этих VIP-рейсах должны работать красавицы, а не такие уродки, недовольно подумал я. И где ее откопали? Я представил, как разозлился бы Артур, увидев, какую стюардессу ему подсунули. Но мне было уже все равно. Следом за мной в салон самолета поднялись Альберт Ромуальдович и еще один телохранитель, которого я неплохо знал. Это был бывший боксер, англичанин. Он обычно прикрывал самого Владика и работал с ним в паре. Его звали Гарри или Гаррис, точно не помню. В общем, мы летели вчетвером, не считая экипажа.

Каталку мы установили в салоне, стюардесса принесла ремни и пристегнула женщину так, чтобы она не сползла при взлете. Мы тоже пристегнулись ремнями. Я обернулся и взглянул через иллюминатор на аэропорт. Кажется, мой куратор был прав, когда советовал мне быстро уходить. Возможно, он каким-то образом узнал о грядущем нападении или подозревал, что оно может состояться. Но как эти ребята подготовились! Достали автоматы с глушителями.

А самое главное — как они смогли так быстро узнать, из какого аэропорта мы собираемся вылететь? Я не успел ничего додумать, потому что самолет начал выруливать на взлет.

ГОД ТЫСЯЧА ДЕВЯТЬСОТ ДЕВЯНОСТО ШЕСТОЙ

Это был год выборов президента страны. Первых российских выборов, когда решался вопрос, кто именно будет президентом державы, которая по-прежнему обладала вторым в мире ядерным потенциалом и была самой большой страной в мире. К началу года рейтинг действующего президента составлял всего лишь несколько процентов. За несколько лет он умудрился почти полностью подорвать доверие и к собственной персоне, и к реформам, которые собирался проводить.

Все это прекрасно понимали на Западе. Возможность возвращения коммунистов к власти в России казалась более чем реальной. Их вождь Геннадий Зюганов по всем социологическим опросам лидировал среди остальных кандидатов, намного опережая действующего президента. К тому же в январе произошел новый террористический акт: боевики во главе с Салманом Радуевым захватили больницу в Кизляре. Их блокировали в Первомайской, но они сумели уйти, прорвав кольцо оцепления. Президент невразумительно говорил о снайперах, о том, как боевики уходили босиком по снегу, но все понимали, что это полный провал российской власти. Девятого февраля Государственная дума приняла закон об амнистии, согласно которому Радуев и все его подчиненные освобождались от уголовной ответственности за рейд на Кизляр.

В этой обстановке впервые начали действовать уже появившиеся олигархи, которые собрались в Давосе. Они понимали, что в случае очередной смены власти потеряют все свои капиталы, нажитые далеко не честным путем. И поэтому выход у них был один — поддержать Ельцина как меньшее зло в выборе между ним и Зюгановым. И олигархи пообещали на выборах любую поддержку действующей власти, потребовав взамен всю собственность, которая еще оставалась в государственном реестре. Денег на избирательную кампанию у власти не было. Пришлось согласиться. Именно тогда была создана известная компания «Сибнефть», на акциях которой разбогатели Абрамович и

Березовский. Именно тогда было заключено негласное соглашение между олигархами и властью. Первые поддержали действующую власть, а она в свою очередь обещала им неслыханные дивиденды.

Опасность смены власти в Кремле хорошо понимали и в мире. Под давлением ведущих западных держав Россию приняли в Совет Европы двадцать восьмого февраля, хотя заявка была подана еще седьмого мая девяносто второго года. Дальше — больше. Менее чем через месяц при прямом нажиме Соединенных Штатов Международный валютный фонд выделил беспрецедентный в его истории кредит почти в семь миллиардов долларов.

В Кремле тоже понимали необходимость перемен. Вместо скомпрометировавшего себя Козырева министром иностранных дел стал Евгений Примаков. Второго апреля Ельцин подписал с белорусским лидером Лукашенко договор об образовании Сообщества двух стран. Потребовались и срочные военные успехи. Двадцать первого апреля был убит генерал Джохар Дудаев, первый президент Чеченской Республики, которого сумели выследить по звонку с мобильного телефона, когда он разговаривал с российским бизнесменом Боровым. Ракета точно попала в цель.

Но этого было мало для победы на выборах. Силовое окружение Ельцина точно знало о его состоянии. Ему нужна была срочная операция на сердце, он мог просто не выдержать предстоящего марафона. И силовики во главе с всесильными Коржаковым и Барсуковым начали просчитывать варианты возможной отмены выборов. Создали штаб по избирательной компании Ельцина, который возглавил вице-премьер Сосковец. Но последние итоги социологических опросов свидетельствовали, что действующий президент все еще уступал лидеру коммунистов.

Нужно отдать должное Ельцину. Он понимал, что проигрывает. И в этот момент в его окружении начала доминировать другая группа людей, которую возглавил умелый и опытный администратор Чубайс, пользовавшийся поддержкой дочери Ельцина. Для Чубайса победа Ельцина была нужна лично. Его «ваучерная приватизация» провалилась, и он понимал, что будет с ним и с его соратниками в случае поражения Ельцина. Чубайс был не только умелым администратором, но и тем циником, в котором нуждался избирательный штаб. Порядочный Егор Гайдар или недалекий Борис Немцов не могли подойти на эту роль. Чубайс же подошел почти идеально. Он не брезговал никакими методами. «Цель оправдывает средства» — считал этот политик. Когда позже вспыхнул так называемый «книжный скандал» (ближайших соратников Чубайса обвинили в получении неслыханных сумм денег за публикацию брошюры), он с убедительным видом и верой в свою правоту постарался их защитить.

Работая в «Мост-банке», я часто бывал на НТВ. Что тогда происходило, я хорошо помню. По всем каналам шла пропаганда одного кандидата. Были отброшены все правила приличия, в ход шли все возможные уловки. Был задействован административный ресурс, миллионы долларов наличными передавались из рук в руки. Ельцина заставили даже плясать с молодыми ребятами в надежде поднять его рейтинг. В первом туре шестнадцатого июня ожесточение достигло предела. Но Ельцин немного обошел Зюганова, и они оба вышли во второй тур. Он должен был стать решающим.

В силовом окружении Ельцина поняли, что штаб Чубайса постепенно берет вверх.

Они осознали, что их реальная власть заканчивается. Но вместе с тем видели и другое. Первый тур основательно вымотал Ельцина, и он практически выдохся. Опасность его досрочного ухода с дистанции была слишком очевидна. И тогда они решили действовать.

На следующий день двое членов избирательного штаба Чубайса были арестованы, когда они выносили коробку с бумагой для ксерокса. В коробке лежали пачки долларов, предназначенных для скрытого финансирования избирательной компании. Коржаков и Барсуков рассчитывали добиться показаний арестованных, на этом основании убрать Чубайса и попытаться перенести второй тур или отложить выборы.

Но привыкшие просчитывать все варианты, они не учли реакции другой стороны. Вернее, они привыкли не просчитывать чужие реакции. Чубайс срочно нашел дочь Ельцина, вышел на его супругу. И они все вместе начали обрабатывать президента, уверяя его, что путь, выбранный силовиками, ведет страну в пропасть. Ельцин был политиком, необыкновенно тонко чувствующим ситуацию. И он без колебаний сдал своих бывших соратников.

Утром под аплодисменты журналистов президент объявил, что снимает с работы Коржакова, Барсукова и Сосковца. Секретарем Совета Безопасности стал генерал Лебедь, занявший в первом туре выборов третье место. Это тоже был идеально рассчитанный ход. За Лебедя голосовал в основном протестный электорат, не желающий возвращения коммунистов. Вставляя Лебедя во власть, Ельцин рассчитывал и на голоса его сторонников.

Уже на следующий день по предложению Лебедя президент уволил министра обороны Грачева и еще нескольких генералов. Но перенесенные волнения плохо сказались на его здоровье. На этот раз Ельцин слег окончательно. По телевизионным каналам показывали только записи с его прежними выступлениями.

Ни в одной стране мира кандидат в президенты не мог находиться в подобном состоянии. В оппозиции об этом узнали. Известный режиссер Говорухин прибыл на телевидение, чтобы рассказать обо всем и потребовать проведения независимой медицинской экспертизы. Но ему просто не разрешили выступить. Все каналы получили строжайшее указание не сообщать о здоровье президента и не разрешать кандидатам от оппозиции рассказывать об истинном положении дел.

Второй тур состоялся третьего июля. Ельцин находился в постели. Все силы новой российской буржуазии были брошены на эти выборы. И президент победил своего соперника, который, казалось, сам испугался возможности своей победы, уже маячившей перед ним. Через несколько месяцев в результате операции на сердце действующий президент передал на несколько часов руководство страной премьер-министру.

Но до этого было еще шестое августа, когда чеченские войска под командованием Аслана Масхадова неожиданно начали наступление и захватили большую часть Грозного. Тридцать первого августа в Хасавюрте между прибывшим туда генералом Лебедем и Масхадовым было подписано соглашение. Лебедь казался себе миротворцем и спасителем. На самом деле он подставил всех чеченских друзей, которые верили в единую страну, подставил тысячи уже погибших солдат и офицеров, подставил собственную страну. В ней затем вспыхнула вторая война, которая привела к еще большим разрушениям и страданиям.

Я помню, как Лебедь выступал на одной из пресс-конференций. Когда его спросили о боевом генерале Громове, под командованием которого Советская армия вышла из Афганистана, Лебедь громогласно заявил, что не хочет вспоминать генерала, «разменявшего себя на пятаки». История горько посмеялась над бравым генералом. Довольно быстро выяснилось, что политик он никудышный. Его быстро убрали. Затем, пользуясь поддержкой Березовского, Лебедь стал губернатором в одном из сибирских регионов, где трагически погиб. В историю России он вошел лишь как подписавший фактическую капитуляцию в Хасавюрте. Генерал Громов тоже стал губернатором и вывел за несколько лет свою область в число самых передовых.

Двадцать седьмого сентября войска талибов вошли в Кабул. Никто в мире еще не понимал, что именно произошло, даже лучшие аналитики американских спецслужб не смогли бы просчитать будущее. А если бы им кто-то показал это будущее, они бы в него просто не поверили. Ведь талибы финансировались и вооружались союзным Пакистаном и самими Соединенным Штатами. В тот день они учинили неслыханную по своему зверству расправу над Наджибуллой. Я все время думал, как пережил этот день Михаил Сергеевич, когда узнал о том, как истязали и терзали его бывшего союзника? Впрочем, ему было не до этого. На президентских выборах девяносто шестого года (первых и последних выборах в его жизни, ведь до этого его не выбирали) Горбачев набрал полпроцента голосов. И это был прекрасный показатель для такого политика, как он. Единственно правильный.

У нас к этому времени с Ирой начались некоторые проблемы. Выяснилось, что мы по-разному смотрим на многие вещи. Меня раздражало окружение Иры и ее отца. Они считали Чубайса и его соратников панацеей от всех бед, связанных с прежними режимами, с коммунистами и всесильным КГБ. Я пытался доказывать, что не все бывшие партийные работники или офицеры КГБ были палачами, предателями и мерзавцами. Но не находил понимания в своей семье. Самое поразительное произошло потом, когда, убрав через два года Черномырдина и Кириенко во время острейшего политического и экономического кризиса, Ельцин выдвинул на должность премьера бывшего директора Службы внешней разведки Примакова, которого позже сменил бывший директор ФСБ генерал Степашин. И наконец, третьим в этом списке стал подполковник службы внешней разведки и тоже бывший директор ФСБ Владимир Путин. Вот такие метаморфозы происходили в нашем государстве. Но до этого было еще далеко. У нас рос сын, я работал начальником отдела в «Мост-банке» и исправно встречался с уже очень постаревшим Петром Петровичем. И разумеется, не подозревал, что ждет нас в будущем.

НЕБО НАД ФРАНЦИЕЙ. ТОТ САМЫЙ ДЕНЬ

Мы довольно скоро взлетели и набрали высоту. Альберт Ромуальдович почти сразу отстегнулся и, подойдя к Татьяне, наклонился над ней. Осмотрел ее голову, затем убрал простыню и начал осматривать тело. Я заметил, с каким интересом Гарри поглядывал на раздетую женщину. На ней была только легкая рубашка. Тогда я намеренно встал так, чтобы ему ничего не было видно.

— Как она себя чувствует? — спросил я у дантиста Альберта.

Как можно приставлять стоматолога к такой больной? Очевидно, Альберт Ромуальдович был гораздо ближе к моему шефу, чем я ранее предполагал. Он был не просто его врачом, а доверенным лицом. Ведь Артур не ходил к нему лечить зубы. На самом деле не ходил. У него был знакомый врач-итальянец, который и занимался его зубами. У Артура идеальная голливудская улыбка, но я-то знаю, что все его зубы искусственно имплантированы. Сейчас существует такая технология.

— Плохо, — поморщился Альберт Ромуальдович. — Вы не знаете, какое лекарство ей ввели? Какие уколы ей сделали в больнице?

— Откуда мне знать? — отозвался я. — С нами должен был полететь врач, который все знал, но его ранили по дороге.

— Ранили? — Альберт не знал, что на нас напали.

Мы с ним говорили по-русски, чтобы Гарри и стюардесса нас не поняли. Врач говорил с сильным прибалтийским акцентом. Я не знал, литовец он или латыш, но акцент у него был очень сильный.

— Когда мы подъезжали к аэропорту, на нас напали вооруженные люди, — рассказал я ему.

Стоматолог наконец накрыл Татьяну простыней и сделал шаг в сторону.

— Они ранили только врача, который должен был ее сопровождать? — поинтересовался он.

— И убили одного из сотрудников охраны, — сообщил я.

Альберт Ромуальдович нахмурился. Еще раз взглянул на женщину, потом открыл свой чемоданчик. Подошел к ней второй раз и взял ее руку, прощупывая пульс. Затем повернулся ко мне.

— Так нельзя, — произнес он с явным сомнением. — Это слишком большой риск. Мы не знаем, какие препараты ей вводились, какие дозы она получила. Я должен позвонить в больницу и все узнать. Пока не узнаю, ничего не смогу сделать, иначе ей может стать плохо, очень плохо.

— Правильно, — охотно поддержал я его. Мне вообще не хотелось, чтобы он тревожил бедную женщину. Самое главное было быстро долететь до Испании, а там сдать ее местным врачам. Я надеялся, что, может быть, удастся немного потянуть время, а нашему шефу мы скажем, что ничего не смогли узнать.

— Я позвоню в больницу и постараюсь все узнать. — Альберт прошел в конец самолета, где находился небольшой кабинет, предназначенный для самого Артура. В нем был телефон. Альберт Ромуальдович поднял трубку и стал звонить в Саттон. К сожалению, связь в этом самолете работала идеально. Альберт сразу дозвонился до больницы и начал выяснять подробности. Если бы здесь был какой-нибудь провод, я наверняка постарался бы его перерезать, но у этого телефона не было провода.

Я вышел из кабинета в салон, пока Альберт сидел за столом и записывал то, что ему диктовали. Если ничего не делать, забеспокоился я, то через несколько минут он вернется в салон и начнет колдовать над Татьяной. А этого нельзя допустить. Она будет в таком состоянии, что может рассказать о документах, которые были в ее сумочке. И тогда Артур поймет, кто забрал документы.

Я сел в кресло и постарался продумать, какие есть варианты остановить Альберта. Стюардесса принесла мне бокал шампанского. Дура. Она не понимала, что мне сейчас не до шампанского.

— Вы будете есть? — спросило это чучело.

— Нет, не буду, — отказался я машинально, продолжая размышлять.

Через несколько минут будет поздно. Что же делать? «Думай! — приказывал я себе. — Ты не помощник самоуверенного олигарха, а старший офицер разведки. Тебя учили два года и потом дважды вызывали на переподготовку, устраивая тебе якобы командировки в другие города. Ты обязан придумать какой-то выход. Обязан найти правильное решение».

Я посмотрел на бычью шею Гарри, который с удовольствием чавкал. В отличие от меня он не отказался от обеда. Почему эти охранники всегда голодные? Или они едят впрок, чтобы быть сытыми? Кажется, на офицерских сборах нам говорили, что две вещи нельзя никогда откладывать — еду и поход в туалет. Возможно, это и правильно. Что же мне делать? Из кабинета доносился голос Альберта Ромуальдовича. Он продолжал уточнять необходимые ему данные. Рядом со мной обедал Гарри. И вдруг я понял, что не справлюсь с ним. Даже если мне удастся их отключить, что я скажу пилотам, как потом смогу объяснить мое поведение Артуру? Они просто сразу передадут в Лондон сообщение о моем нападении. Нет, это не выход.

Что делать? И вдруг меня осенило: нужно посадить самолет. Единственный выход в этой ситуации — посадить самолет. Чтобы Альберт Ромуальдович не успел приступить к своим уколам. Он напоминал мне фашистских палачей. Обычно в старых советских фильмах немцев играли прибалты. Они были больше похожи и выглядели гораздо естественнее, чем представители славянских народов, не говоря уже об азиатских. Мне всегда было смешно, когда немецких фашистов в кинокартинах играли евреи. Это же нужно было такое придумать! Говорят, во время съемок фильма «Семнадцать мгновений весны» заместитель директора картины все время привозил для съемок в массовых сценах своих знакомых евреев. И однажды режиссер просто не выдержала, потребовав убрать их всех со съемочной площадки. Хотя с другой стороны, это, наверное, миф. Ведь сыграли же фашистских главарей Визбор и Броневой. Борман и Мюллер в гробу перевернулись бы, если бы увидели, кто их играет. Хотя оба актера сыграли просто великолепно. Но я отвлекся. Что же мне делать? — продолжал я размышлять. — Каким образом заставить летчиков посадить самолет? Может, просто войти в кабину и предложить им садиться? Я ведь старший в этой группе, они обязаны меня послушаться. Но как объяснить им причину моего странного решения? И что подумает обо мне Артур? Как отреагирует Альберт Ромуальдович? Что сделает Гарри? Поразмыслив, я пришел к выводу, что это тоже не выход.

Я посмотрел на лежащую женщину. У нее было спокойное, одухотворенное лицо. Если бы она только знала, как мне нравилась! Если бы только знал об этом Артур! Он никогда не послал бы меня ее встретить. Что делать? Сейчас Альберт Ромуальдович закончит разговор, выяснит, какие препараты ее вводили, подберет нужное лекарство, чтобы она очнулась. Для врача это не сложно. Совсем не сложно. Даже если он стоматолог.

Нужно было быстро принимать решение. И я его принял. Понимая, на какой пошел смертельный риск, зная, что делать этого нельзя. Но и позволить этому коновалу допросить несчастную женщину я тоже не мог. Просто не имел права. Я один во всем был виноват. Она попала в аварию из-за меня. И ее документы украл тоже я. Поэтому мне совсем не было нужно, чтобы ее допрашивали в таком состоянии. Чего я боялся? За себя или за нее? Или за нас обоих?

Я поднялся и прошел в другой конец салона. Там находился туалет. Я вошел в него, осмотрелся. Иллюминатора в нем не было. Черт возьми! Как глупо. Неужели мой план не сработает? Надо пройти в другой туалет, рядом с кабинетом. Если и там не окажется иллюминатора, придется искать другую причину для приземления.

Я вышел из туалета и чуть не столкнулся с этой противной стюардессой.

— Вам что-нибудь нужно? — улыбнулась она.

— Нет, спасибо. — Я прошел в другой конец самолета. Вошел в кабинет.

Альберт Ромуальдович что-то быстро записывал. Увидев меня, он радостно кивнул. У него все получилось. Ничего не подозревающие британские врачи дали ему все данные. Они даже могли подсказать ему, какие уколы ей нужно сделать. Профессиональная этика. Они, наверное, подумали, что помогают коллеге.

Я вошел в туалет, находившийся рядом с кабинетом. Здесь оказался небольшой иллюминатор. Уже неплохо. Насколько я знал, наш небольшой самолет не поднимался на высоту десять тысяч. Мы летели в другом эшелоне. Поэтому разгерметизация салона, возможно, будет не такой уж страшной катастрофой, как это произошло бы с более крупным самолетом на другой высоте.

Оставалось сломать этот чертов иллюминатор, выбить стекло. Но как, чем? Руками невозможно. Я осторожно снял ботинок и убедился, что удар каблуком ничего не дает. Ударить нужно было сильно и точно, чтобы стекло разбилось сразу. Я снова надел обувь. Вышел в кабинет. У меня оставались считаные секунды. Альберт Ромуальдович наконец закончил телефонный разговор, поднялся и направился к своему чемоданчику. Может, взять оружие у Гарри? И просто выстрелить? Но это не выход. Так нельзя. Я огляделся по сторонам. Почему в этом кабинете нет ничего тяжелого? Подошел к небольшому бару. Открыл дверцу, посмотрел на укрепленные в нем небольшие бутылки. Среди них оказалась одна большая запечатанная бутылка виски. Мысленно я даже поблагодарил шотландцев, придумавших такой замечательный напиток. Затем достал эту тяжелую бутылку, закрыл дверь в кабинет, вошел в туалет и изо всех сил ударил ею в стекло иллюминатора. Однако ничего не вышло. Стекло как будто было бронированным. Но звук удара, навернос, ужс все услышали. Я еще раз ударил изо всех сил по стеклу. Опять ничего. А ведь в каждую секунду ко мне могла ворваться стюардесса. Так будь все оно проклято, и пусть они думают все что угодно, лишь бы выбить это проклятое стекло. У меня была перебинтована правая рука, и это мешало нанести удар с максимальной силой. А в дверь туалета, кажется, уже начали стучать. Я снова ударил и услышал звук треснутого стекла. Наконец-то! А в руке у меня осталась разбитая бутылка виски. Янтарная жидкость окатила мою руку и пиджак. Я чуть не заплакал от досады. И в этот момент увидел трещину на стекле иллюминатора.

Честное слово, я все сделал правильно. Выскочил из туалета, закрыл дверь. Уже позже я понял, что Бог меня любит. Страшно подумать, что могло бы со мной случиться, если бы стекло лопнуло, когда я был там. Хотя иллюминатор был небольшим.

Как только я закрыл дверь, стекло лопнуло. Я сразу почувствовал, как дверь словно выгнулась внутрь. И сразу включились огни. Я успел добраться до двери кабинета, открыть ее и столкнуться с разъяренной стюардессой.

— Что там случилось? — закричала эта уродка.

— Не знаю. Кажется, в туалете сломан иллюминатор! — успел прокричать я в ответ.

Альберт Ромуальдович стоял около своего чемоданчика. Кажется, турбулентность на него вообще не подействовала. Он даже не сел. Самолет начало бросать из стороны в сторону. У Гарри вылетела из рук вилка, и он недовольно поморщился.

— Внимание, — раздался голос командира корабля, — говорит капитан. У нас возникли проблемы, и мы должны совершить вынужденную аварийную посадку. Прошу всех срочно пристегнуться, мы снижаемся.

— Что там случилось? — недовольно спросил Альберт Ромуальдович, и в этот момент стюардесса открыла дверь в туалет. Мощный удар воздушной волны буквально отбросил меня и врача к стенке. А эта дура сумела удержаться за ручку двери. Можете себе представить? Нас, сильных мужчин, отбросило к стенке, а она удержалась. Вот что такое профессионализм и умение правильно действовать в сложной ситуации.

— Разгерметизация! — крикнула стюардесса, показывая нам, куда садиться. И выпустив ручку двери, поползла к ближайшему креслу.

Нас тряхнуло так, словно самолет подбросили. И только в этот момент я понял, какой страшный способ придумал, чтобы остановить Альберта Ромуальдовича. Но ничего изменить уже было невозможно...

ГОД ТЫСЯЧА ДЕВЯТЬСОТ ДЕВЯНОСТО СЕДЬМОЙ

В начале этого года я перешел на работу в одно из подразделений НТВ — НТВ-кино и начал работать с Владленом Арсеньевым, возглавлявшим эту структуру. К тому времени холдинг Гусинского считался не только ведущим в стране, но и самым объективным в подаче информации. Их программа «Куклы» стала одной из самых любимых. Аналитические передачи, которые вел Киселев, собирали миллионы телезрителей, несмотря на очевидные дикторские проблемы ведущего, который мычал, хмыкал, мекал и делал длинные паузы. Но передача была интересная, и все ее смотрели.

Арсеньев был человеком толерантным и понимающим. К тому же он вырос в Грузии и хорошо знал менталитет южных людей.

Владлен любил мне рассказывать, как ездил за анашой в Гянджу и сколько было у него друзей в Грузии и Азербайджане. Возможно, это был один из самых лучших периодов в моей жизни. Тогда в структурах Гусинского платили огромные деньги. Все его советники и помощники стали миллионерами. Артур Абрамов открыл собственное дело и уже имел несколько миллионов долларов. Мы с ним несколько раз пересекались, и у меня даже зародилась симпатия к этому молодому, красивому, напористому бизнесмену.

Рубль держался на отметке шесть к одному за доллар, и такая привязка делала нас очень богатыми людьми. Во всяком случае, когда мы с Ирой и нашим сыном поехали отдыхать во Францию, я получил отпускные и премиальные в размере шестнадцати тысяч долларов. Нужно отдать должное моему тогдашнему руководителю — Владлену Арсеньеву: он сам стал миллионером и позволял зарабатывать своему окружению.

В этот год французские отели и рестораны были забиты российскими туристами. Казалось, жизнь входит в нормальное русло. Двенадцатого мая Ельцин и Масхадов наконец подписали Договор о мире и принципах взаимоотношений между Россией и Чечней, впервые официально названной Ичкерией.

Это была мирная передышка перед бурей, о приближении которой мы даже не подозревали. Откуда нам было знать, что мировые цены на нефть упали до критического уровня, что государство выплачивает огромные проценты по своим долгам, что весь огромный кредит МВФ уже разворован и проеден, что впереди нас ждут экономические потрясения.

А в мире все шло своим чередом. Умер Дэн Сяопин, Генеральным секретарем ООН стал Кофи Аннан, в Великобритании на выборах победили лейбористы, и их сорокатрехлетний лидер Тони Блэр стал самым молодым премьером за последний век в Англии. Россию наконец приняли в Парижский клуб стран-кредиторов. Но если вы спросите большинство людей, чем им запомнился этот год, то ответ будет совсем другим. Я не говорю о личных проблемах каждого из землян, о его утратах или горестях, радостях или приобретениях. Я говорю о самом запомнившемся мировом событии в этом девяносто седьмом году.

А таким событием, безусловно, стала автомобильная авария и смерть леди Ди —

принцессы Дианы, которая тридцать первого августа в Париже разбилась вместе со своим любовником Доди Аль-Файедом. Весь мир, казалось, сошел с ума от горя, ее оплакивали так, словно все потеряли самую достойную, самую возвышенную, самую чистую и непорочную душу на Земле. Уже тогда я задумался о природе человеческой любви и человеческих добродетелях.

Ведь принцесса Диана была не просто женой наследника престола и матерью других наследников. Она была одним из символов британской монархии и должна была вести себя соответственно этому статусу. Но какой она была на самом деле? Эгоцентричная, своенравная, взбалмошная. Обладая заурядной внешностью, я бы даже сказал — не обладая никакими особыми данными, с длинным вытянутым носом, типично английским подбородком, немного опущенными глазами, с плоской фигурой, эта женщина умудрилась иметь нескольких любовников. О пятерых или шестерых я даже читал, вовсе не интересуясь моралью этой королевской особы. И эту женщину оплакивал весь мир?

Я не ханжа. Сам встречался с замужними женщинами и несколько раз изменял

Ирине, когда был на ней женат. Не мне судить, кто и как должен себя вести, я не претендую на звание святого. Далеко не идеальная принцесса Ди позволяла себе заводить любовников, будучи замужем за наследником английского престола. Похоже, что как бы мстила мужу за его многолетние чувства к Камилле Паркер Боулз. Возможно и так. Но не слишком ли она увлеклась ролью мстительницы? А ее последний роман выглядел просто пощечиной английскому королевскому дому. Она не просто имела тайного любовника — она открыто жила на вилле известного плейбоя и ловеласа Доди Аль-Файеда, отцу которого отказали в предоставлении гражданства Великобритании из-за его криминальных связей и темного прошлого. И с сыном такого человека принцесса провела весь август девяносто седьмого на Лазурном Берегу.

Сейчас уже многие забыли, как ее собственный сын Уильям, позвонив матери в начале августа, посоветовал ей вообще не возвращаться в Лондон после такого вызывающего поведения. Диана проигнорировала это предупреждение. А что было дальше, вы знаете. Конечно, произошла не случайная авария. Можете просчитать вероятность такой аварии, она будет ничтожно мала. Оказывается, во всем был виноват пьяный водитель леди Ди. Но ведь если бы автомобиль Дианы не разбился в этом тоннеле, то уже через несколько минут леди Ди объявила бы на весь мир о своей помолвке с Доди Аль-Файедом.

Не трудно представить себе последствия такого решения. Ведь король Англии не просто глава государства — он хранитель веры, глава англиканской церкви. И что получается? Жена наследника престола Чарльза и мать будущих наследников престола Уильяма и Гарри выходит замуж за мусульманина, сына человека, подозреваемого в криминальных связях? Как впоследствии Уильям мог стать королем, если его мать — жена мусульманина? Хранителем какой веры был бы он?

Если даже проведут еще десять экспертиз и столько же расследований, чтобы доказать нам случайность этой аварии, я все равно не поверю. Решение об устранении принцессы должно было приниматься на самом верху. Только два человека могли знать всю правду — королева Англии и ее премьер-министр. Только эти два человека. Но вполне возможно, что я ошибаюсь и правду не знает даже мистер Блэр. В конце концов, политики приходят и уходят, а страна продолжает существовать. Зная, как королева не любила свою невестку, я не сомневаюсь, что приказ об ее устранении могла отдать только она. Чтобы спасти Англию, королевский дом, монархию, честь своих внуков, Елизавета Вторая должна была принять это нелегкое решение. На одной чаше весов лежала жизнь леди Ди, а на другой — монархия и страна. Я думаю, вы понимаете, какой выбор должна была сделать Елизавета, наделенная чувством ответственности и всегда отличавшаяся рациональным, прагматическим подходом к таким вопросам. Она и сделала этот выбор.

По странному совпадению через пять дней в Калькутте умерла действительно святая душа и необыкновенный человек Агнес Гонджа Бояджиу, названная в миру Матерью Терезой. Ей было восемьдесят семь лет. Всю свою жизнь она помогала страждущим и бедным. Но мир не сошел с ума из-за ее смерти. Вот так. Вообще-то я всегда был немного циником, а после девяносто седьмого стал им еще больше.

И еще одно событие произошло в этом году, значение которого мы, возможно, осознаем лет через двадцать или двадцать пять. Появилась овечка Долли, названная так в честь американской актрисы Долли Партон. Кто такая миссис Партон, я не знаю до сих пор, а про овечку знает весь цивилизованный мир. Это тот случай, когда овечка сделала имя американской актрисе, а не наоборот. Но это уже проблемы самой Долли Партон, которая вошла в историю человеческой цивилизации столь необычным образом.

ОРЛЕАН. ФРАНЦИЯ.
ТОТ САМЫЙ ДЕНЬ

Мы стремительно шли на посадку. Нас трясло так, словно мы попали в зону дикой турбулентности. В один из моментов я увидел, как опасно накренилась каталка и Татьяна едва не опрокинулась на пол. Я сумел подскочить и удержать ее в прежнем положении. Заметил удивление на лице Альберта Ромуальдовича. Кажется, моя излишняя забота начинала вызывать у него подозрение.

— Что там случилось, — спросил он меня, — когда вы были в туалетной комнате?

— Увидел трещину в иллюминаторе! — крикнул я в ответ. — Кажется, окно лопнуло.

Ему и в голову не могло прийти, что я мог выбить стекло по собственному разумению. Разве я похож на самоубийцу?

— Эти самолеты считаются элитными лайнерами для VIP-пассажиров, — недовольно заметил Альберт Ромуальдович, — берут столько денег и не могут элементарно проверять на герметичность.

Внизу уже была видна земля. Я никому не советую выделывать такие трюки в других самолетах. Разгерметизация может вызвать взрыв внутри самолета или такую турбулентность, что ваш лайнер просто не дотянет до аэропорта. Не говоря уже о том, что большому самолету нужна более длинная дорожка для посадки, а она есть не в каждом аэропорту. Нам относительно повезло, мы как раз пролетали над Орлеаном, и командир запросил посадку в этом городе. Мы стремительно снижались, когда стюардесса неожиданно спросила меня:

— Как могла произойти разгерметизация? Что вы там делали?

— Вы не знаете, чем обычно занимаются в туалете? — грубо ответил я этой подозрительной дамочке. — Нужно объяснить? Или показать? Мы все в таком состоянии, а вы меня еще о чем-то спрашиваете?

— Иллюминатор не мог лопнуть сам по себе, — пояснила мне эта особа.

— Не знаю, что там было, — отмахнулся я, — но можете себе представить, что когда я вышел, меня чуть не убило воздушной волной.

— А почему вы весь мокрый? — не успокаивалась она, глядя на мой пиджак и руку.

— Это виски, можете сами понюхать. Меня тряхнуло так, что я упал и выронил виски, который собирался себе налить, чтобы лишний раз не утруждать вас. У вас есть еще вопросы или вы оставите меня в покое? Я предъявлю иск вашей компании и за испорченный костюм, и за наш несостоявшийся перелет. Нужно проверять самолеты перед вылетом.

Наконец она заткнулась. Видимо, все-таки в какие-то из моих объяснений поверила. Как бы там ни было, что бы ни случилось в туалете, они обязаны были доставить нас в Барселону. Любой срыв полета всегда происходит по вине компании, которая отвечает за этот полет. Но про суд я сказал напрасно, сообразив, что теперь начнут искать причины разгерметизации и, конечно, сразу установят, что иллюминатор был сломан изнутри. Впрочем, это меня уже не пугало. Всегда можно объяснить, что нас сильно тряхнуло и я врезался в это окно. Правда, трудно объяснить, почему я врезался с такой силой. И что я вообще делал в туалетной комнате с бутылкой виски. Но это уже детали. Некоторые любят выпивать именно в туалете. Может, у меня аэрофобия и я люблю пить виски, запершись в туалетной комнате. Во всяком случае, объяснений может быть много. Ведь трудно поверить, что я сам хотел выбить это чертово стекло, которое никак не хотело поддаваться.

— Мы садимся в аэропорту Орлеана, — объявил капитан. — Будьте осторожны. У нас аварийная посадка.

Стюардесса поднялась и проверила ремни на каталке Татьяны. Уже за один этот поступок я готов был простить ей все, что она до этого говорила. Мы пошли на посадку. Что я знаю об этом Орлеане? Никогда там не был. Кажется, этот город освобождала во время Столетней войны Жанна д'Арк. Ее даже называли Орлеанской девой. Я все-таки историк и помню эту Столетнюю войну между Англией и Францией.

Самое поразительное, что англичане даже после Столетней войны еще много лет настаивали на титуле своего короля, который считался властелином «Англии и Франции». Только в тысяча восемьсот втором году англичане отказались от этого титула для своего короля. Но это было уже при Наполеоне.

Мы совершили посадку, и самолет замер. Из кабины пилотов вышел командир. Он строго посмотрел на нас, словно уже догадываясь, кто из нас был виновником этой экстренной посадки.

— Я попросил организовать нам машину, чтобы отвезти нашу пассажирку в больницу, — пояснил он, — сейчас должны приехать врачи из местной больницы. Никто не пострадал при посадке?

— Никто, — отозвался Альберт Ромуальдович, поднимаясь из своего кресла, — но нам нужно лететь в Барселону.

— Сейчас мы не сможем лететь, — твердо возразил пилот, — но если вы подождете, наша компания пришлет сюда другой самолет. Он может прилететь уже через несколько часов.

Альберт Ромуальдович взглянул на меня, и я согласно кивнул. Не забывайте, что я был старшим в этой группе. К моей огромной радости, на аэродроме нас уже ждала машина «скорой помощи» с врачом и автомобиль полиции с двумя офицерами. Нужно было видеть недовольное лицо Альберта Ромуальдовича! Словно у него отобрали любимую игрушку. Я очень уважаю врачей, но все равно в каждом из них сидит садист. Ведь не может же любой из нас копаться в чужом теле, резать живую плоть, втыкать инструменты в тело другого человека. Если вы чувствуете чужую боль как свою, если вас мутит от одного запаха крови, если вы не можете резать по живому и абстрагироваться от чужой боли, вам не место среди эскулапов. Для того чтобы работать даже обычным врачом, нужно иметь хорошие нервы и уметь сохранять хладнокровие в любой ситуации. Я уже не говорю о том, что надо любить свою профессию. Наверное, хирург любит свою профессию. Представляете состояние его психики? Он любит разрезать чужую плоть, копаться во внутренностях живых людей. Сейчас вы решите, что я сумасшедший. Ни в коем случае. Просто считаю, что для такой работы нужен мужественный и достаточно выдержанный человек.

Иногда я представляю себе работу патологоанатомов, которые постоянно режут трупы, и мне становится страшно. А ведь для них это обычная работа. Или взять хирургов, меняющих людям сердца. Я сошел бы с ума от одного вида живого сердца. А как работают следователи, которые имеют дело с убитыми и искалеченными в результате кровавых преступлений? В общем, немало на свете профессий, которые я никогда не выбрал бы. Полагаю, для таких профессий нужно иметь особые дар и характер.

Нашу пациентку сразу выкатили из салона самолета и поместили в машину «скорой помощи». Альберт мрачно спросил у меня, что нам делать.

— Нужно поехать вместе с ней в больницу, — предложил я ему. — Пока нам дадут новый самолет, мы сможем находиться рядом с ней. И позвоните Артуру, он будет волноваться.

Мне не хотелось самому звонить Абрамову, чтобы не подставляться под его крики. Альберт Ромуальдович достал телефон и набрал знакомый номер.

— Вы уже долетели? — возбужденно спросил Артур. Я стоял рядом и слышал, как он говорил. У врача был телефон с хорошим звуком.

— Нет. Мы совершили вынужденную посадку в Орлеане, — пояснил Альберт Ромуальдович, — сейчас мы во Франции.

— Почему во Франции?! — закричал Артур. — Я же вам велел лететь в Испанию! Что вы там делаете? Где Исмаил?

— У нас произошла разгерметизация, — пояснил врач, — и мы совершили посадку. Сейчас нашу пациентку везут в местную больницу.

— Только этого не хватало! Вы далеко от испанской границы? Возьмите машину и поезжайте в Испанию. Заплатите сколько нужно денег.

— Мы далеко от границы? — спросил меня Альберт Ромуальдович. А еще интеллигентный человек. Он обязан был знать, что Орлеан находится недалеко от Парижа. А отсюда до Барселоны на машине ехать почти сутки.

— Далеко, — кивнул я не без удовольствия.

— Мы далеко от границы, — пояснил врач. — Что нам делать?

— Передай трубку Исмаилу, — приказал Артур.

Я взял телефон.

— Ты начинаешь приносить мне несчастья, — гневно заявил Абрамов. — Сначала авария на машине, теперь авария с самолетом. Может, сегодня не твой день?

— В чем моя вина? В Лондоне в меня врезалась машина, а здесь произошла разгерметизация. Иногда такое случается.

— Но не два случая подряд, — разозлился Артур. — Наш охранник с вами? Он вооружен?

— По-моему, да.

— Никуда его не отпускайте. Вы узнали, где ее документы?

— Не успели.

— Как это не успели? А чем вы занимались целый час в самолете? Трахались со стюардессами?

Если бы он видел нашу стюардессу с ее морщинистым старушечьим лицом, то так не кричал бы.

— Альберт Ромуальдович разговаривал с врачами из больницы в Саттоне. — Мне было приятно сделать вид, что я защищаю нашего врача. Он стоял рядом и все слышал. Пусть знает, кто его настоящий друг. — Пытался выяснить, какие лекарства ей давали, чтобы найти наиболее эффективное средство.

— Какое средство? Что ты несешь? Вы все там рехнулись? Почему вы не смогли ничего узнать? Что он делал?

Задавая вопросы, Артур не оставлял мне времени для ответов. Я передал аппарат его врачу. Пусть сам объясняется со своим хозяином. Альберт попытался что-то сказать, но Артур начал кричать так, что из аппарата стал доноситься какой-то скрежет.

Так продолжалось несколько минут. Затем врач снова передал телефон мне.

— Поезжай в больницу, — приказал Артур, — и сделай что угодно, но сегодня же доставь ее в Испанию. Найми хоть пять самолетов или вертолетов, купи мэра Орлеана или премьер-министра Франции, возьми машину или катер, велосипед или мотоцикл. Но чтобы сегодня она вернулась в Испанию. И сделайте так, чтобы она пришла в себя. Хотя бы на полчаса. Я должен с ней сам переговорить. Ты меня понимаешь? Как только она придет в себя, сразу позвоните мне. Я должен наконец понять, что происходит.

— Вы уже вернулись в Лондон?

— Это не твое дело, — грубо ответил мне Артур. — Занимайся этой полоумной больной. Я начинаю жалеть, что вообще с ней связался. И помни свою задачу. Через полчаса вы должны выехать в Испанию.

— Мы не успеем...

— Это не мое дело. Через полчаса, — тоном, не терпящим возражений, приказал Абрамов. — Я прикажу перевести на твою кредитку еще сто тысяч долларов. Можешь потратить их, как считаешь нужным. Но чтобы через полчаса выехали. А в дороге пусть Альберт над ней поколдует. Позвоните мне прямо из машины, я буду ждать.

Он закончил разговор, и я передал аппарат его врачу. Мы стояли на летном поле. Офицеры полиции и врач машины «скорой помощи» терпеливо ждали нашего решения.

— У вас есть в больнице реанимобиль? — спросил я у местного врача.

Он кивнул. Слава богу, врач понимал английский. Обычно французы, даже знающие английский язык, демонстративно на нем не разговаривают.

— Тогда срочно в больницу, — решил я, — едем прямо сейчас.

Мы выехали через несколько минут. Офицеры полиции любезно взяли на себя сопровождение нашей делегации. Мы так и просхали по Орлеану, пугая редких прохожих: впереди шла машина полиции, за ней машина «скорой помощи». Мы с Альбертом Ромуальдовичем разместились в автомобиле полиции, Гарри уселся рядом с водителем «скорой помощи», а врач и медсестра перешли в салон. Когда мы выехали, я невольно покосился на чемоданчик моего спутника и подумал, что нужно сделать все, чтобы у него пропал этот чемодан. Тогда он не сможет ничего узнать у Татьяны. Хотя бы до сегодняшнего вечера. А потом пусть она сама решит, что ей нужно говорить и с кем разговаривать.

ГОД ТЫСЯЧА ДЕВЯТЬСОТ ДЕВЯНОСТО ВОСЬМОЙ

В историю России это год вписан черным цветом. Это был год дефолта. Только поверившие в возможность нормальной жизни при капитализме миллионы людей столкнулись с дефолтом, неожиданно осознав, что в этом мире не может быть ничего стабильного. Я лично потерял не так уж много денег. Все-таки я держал мои сбережения в долларах, и та сумма, которая была на долларовом счету, не пропала. Наоборот, она реально выросла в четыре раза. А вот остальные деньги пропали, когда за несколько дней курс доллара вместо прежнего один к шести стал один к двадцати четырем. Подорожал в четыре раза! Можете себе представить? Те, кто пережил этот август, наверняка хорошо помнят панику тех дней.

Спустя некоторое время дефолт произошел в Аргентине. Там доллар вырос на сорок процентов. Не на четыреста, как в России, а только на сорок. После этого в стране произошли невероятные изменения, там ушли в отставку несколько президентов, начались уличные волнения, демонстрации, паника, экономический застой. Сорок процентов... Аргентинцы были явно не готовы к таким потрясениям. А мы сумели пройти через дефолт, который просто опрокинул бы любое другое общество, и еще раз доказали, что мы можем успешно создавать невероятные трудности и так же успешно их преодолевать.

Но все по порядку. К марту месяцу в России произошли кардинальные изменения в правительстве. Ельцин неожиданно отправил в отставку премьера Черномырдина, который шесть лет худо-бедно возглавлял правительство. Очевидно, Ельцин понял, что Черномырдин постепенно становится его возможным преемником. Более того, по версии, гулявшей среди москвичей, именно Черномырдина стали называть будущим президентом России. Все это не могло понравиться действующему царю. К тому же оппозиция в Государственной думе снова активизировалась, требуя импичмента главе государства. И в этот момент Ельцин убрал Черномырдина, предложив вместо него молодого и неопытного Кириенко.

Спустя несколько лет аналитики и экономисты будут спорить, был ли дефолт предрешен или страну можно было спасти при более компетентном руководстве. Возможно, что у Черномырдина был большой кредит доверия на Западе, больше возможностей для маневра. А возможно, и он ничего не сумел бы сделать. Слишком обвальными оказались цены на энергоносители, слишком много долгов накопилось за последние годы, слишком безответственной была экономическая политика правительства, слишком уязвимым оказался рубль, привязанный к доллару этим пресловутым «коридором». И тогда экономика рухнула.

Я помню, как не хотели утверждать Кириенко в Государственной думе. Мы почти ежедневно готовили репортажи из парламента. Только с третьей попытки, под угрозой роспуска Думы Ельцин протолкнул Кириенко на пост председателя правительства.

Кириенко честно продержался четыре месяца. Он пытался исправить уже катастрофическую ситуацию, пытался хоть как-то выправить положение. Международный валютный фонд, понимая, в каком положении оказалась Россия, готов был снова нам помогать, но уже никакие долларовые вливания не могли спасти нашу экономику. И ведь как подставили президента! За несколько дней до дефолта Ельцин твердо пообещал, что дефолта не будет. А семнадцатого августа правительство объявило, что отказывается платить по своим обязательствам, и рубль стремительно рухнул.

Сколько людей разорилось во время этих августовских событий, сколько произошло трагедий — даже трудно сосчитать! Вера в рубль и в российские банки была, казалось, навсегда похоронена вместе с объявленным дефолтом. Но некоторые от него выиграли. Спустя несколько лет мы узнаем, что были в то время люди из ближнего круга, которых заранее известили о грядущем дефолте. Представляете, что это значит? Можно было взять под любые проценты рубли, даже под двести процентов, обналичить, перевести в доллары и продать после дефолта. Что предупрежденные и сделали. Проверкой занималась специальная комиссия, но ничего доказать так и не смогли. Ведь бывают такие «экономические гении», которые умеют заранее просчитывать и дефолты, и всевозможные экономические риски.

Двадцать четвертого августа Ельцин вынужден был отправить в отставку Кириенко. Он решил вернуть Черномырдина, но тут уже заупрямилась Государственная дума, в которой кандидатура бывшего премьера явно не проходила. А тянуть с назначением премьера было нельзя, страна просто задыхалась под бременем экономических и нарастающих политических проблем.

И здесь всплыла компромиссная фигура Евгения Примакова, которого уважали во всех партиях. Став министром иностранных дел, он в течение двух лет сумел незаметно и твердо вернуть авторитет России, отодвинуть проблемы международных отношений в плоскость решения дипломатов, выведя их из-под критики оппозиции. Примакова утвердили премьером одиннадцатого сентября, и он начал собирать правительство, руководствуясь исключительно деловыми качествами кандидатов. Это было правительство кризисного периода, правительство, которое должно было спасти страну, отодвинув ее от реальной угрозы экономического коллапса.

Я до сих пор не понимаю, как им это удалось. До сих пор не могу себе представить, как в течение нескольких месяцев они отодвинули огромную страну от приближающейся катастрофы, а затем начали выправлять ситуацию. По-моему, многие люди еще даже не осознали, что сделал Примаков и его правительство. А ведь они по-настоящему спасли Россию и ее народ в тот тяжелейший период, смогли выправить ситуацию и создать задел на будущее.

В этом году впервые громко заявил о себе Усама бен Ладен. Его террористы взорвали американские посольства в Кении и Танзании, тогда погибло более двухсот человек. Президент Клинтон на весь мир заявил о личной ответственности «террориста номер один». Через две недели американцы нанесли ракетные удары по боевикам в Афганистане и Судане. И никто не вспомнил, что талибов много лет вооружали и обучали американские инструкторы. Никто не вспомнил, что для борьбы с Афганистаном и армией Советского Союза был нужен Усама бен Ладен, который охотно принимал деньги и оружие, но ненавидел своих покровителей не меньше, чем Советскую армию. А возможно и больше, ведь своих благодетелей всегда ненавидят больше своих врагов.

Американцы выпустили ракеты и успокоились. Они даже не могли предположить, что им готовят террористы уже на территории самих Соединенных Штатов. В это время в Вашингтоне были заняты совсем другими проблемами. Самая сильная страна в мире с самой быстро растущей экономикой всерьез обсуждала вопрос, чем занимался Билл Клинтон в своем кабинете с Моникой Левински. И это в тот момент, когда доллар только укреплял свои позиции, экономика США была на бурном подъеме, а профицит бюджета оказался просто рекордным. В таких случаях говорят: с жиру бесятся.

Семнадцатого августа, в тот день, когда в России был объявлен дефолт, президент Билл Клинтон дал показания Большому Жюри, признавшись, что лгал насчет своих отношений с Моникой Левински. Он смешно оправдывался, что не спал с этой свинообразной молодой женщиной, а занимался лишь оральным сексом. Учитывая, что она сохранила платье со следами его спермы, доказательства были просто неопровержимыми. А еще выяснилось, что Моника рассказывала обо всем стукачке Линде Трамп, которая по совместительству была агентом ФБР. Круг замкнулся, консерваторы торжествовали. Но американцы оказались умнее, чем предполагали узколобые кретины в конгрессе и сенате США. В решающий момент даже некоторые представители республиканской партии проголосовали за Клинтона. Импичмент не прошел, хотя президент стал уже «хромой уткой» и все понимали, что его правление закончилось.

А в это время Усама бен Ладен и его люди готовили атаку на Америку, которая должна была потрясти весь цивилизованный мир.

Наши отношения с Ириной в тот момент практически зашли в тупик. Августовские события и дефолт не только не сплотили нашу семью, но и увеличили разрыв между нами. На самом деле трудности закаляют только любящие семьи. В тех же, где уже есть трещины, они лишь усугубляют напряженность и создают дополнительные разногласия. К концу года мы твердо решили подать на развод. Эльдару было уже три с половиной года, он начал понимать, что его родители не всегда хорошо относятся друг к другу. Не знаю, почему так получилось. Возможно, сказалась моя нелегальная работа, из-за которой я всегда был немного на пределе. А возможно, мы просто оказались разными людьми. Сразу определить, насколько мужчина и женщина подходят друг другу, практически невозможно. Вы можете влюбиться в образ, созданный собственным воображением, даже не предполагая, что в реальности будете иметь рядом совсем другого человека. К тому же на первых порах мы предпочитаем соответствовать идеалу своего партнера. Но через несколько лет позволяем себе расслабиться, обнаруживаем истинные пристрастия и предпочтения, проявляем оборотную сторону своего характера. Конечно, такие испытания проходят не все. Мне и Ирине они выпали, но нам не удалось их преодолеть. И тогда мы решили расстаться.

ОРЛЕАН. ФРАНЦИЯ.
ТОТ САМЫЙ ДЕНЬ

В больницу мы прибыли через пятнадцать минут. Там мне пришлось не только вести переговоры, но и все время держать рядом с собой нашего ретивого врача. Он горел от нетерпения выслужиться перед Артуром и допросить Татьяну как можно быстрее. В сущности, он должен был задать ей только один вопрос: «Где находятся документы?» А для этого ему было необходимо, чтобы она пришла в сознание хотя бы на несколько минут.

Я демагогически заявил, что мне нужен врач, чтобы выяснить состояние больной. И отправился к главному врачу орлеанской больницы вместе с моим спутником. Главным врачом оказалась миловидная женщина лет пятидесяти. Она уже знала о нашей вынужденной посадке и приезде в ее больницу. Нужно сказать, что главврач выслушала нас довольно благожелательно. Она согласилась предоставить нам машину «скорой помощи» для транспортировки больной до Марселя, где мы сможем взять другой реанимобиль, но могла это сделать лишь на следующий день. А это означало, что в Испанию мы попадем лишь через два дня. Несмотря на все мои уговоры, главврач была непреклонна. В тот день она не могла выдать нам ни одну из имевшихся у нее машин. Позже мы узнали, что в городской больнице вообще было только три дежурные машины. Это ведь не Лондон, а небольшой город.

Полчаса прошло. Мы сидели растерянные и недовольные. Наконец я решил, что уговаривать эту мадам больше нет смысла.

— У вас есть в городе контора по прокату автомобилей, — поинтересовался я у нее, — офис, где можно арендовать машину?

— Есть. На соседней улице, — кокетливо улыбнулась врач. — Я могу дать вам санитара, чтобы он вас проводил.

— Давайте. — Мы выскочили в коридор. Альберт Ромуальдович едва поспевал за мной.

— Что вы задумали? — поинтересовался он.

— Возьмем машину и поедем на юг, — предложил я ему. — Нам нужен автобус без сидений. Вы сможете присматривать за нашей пациенткой?

— Конечно смогу. Она спит, а мне еще нужно привести ее в сознание. Я все сделаю, не беспокойтесь.

— Не сомневаюсь.

Пока я говорил, к нам подошел темнокожий санитар, который предложил провести нас. Можете себе представить? Темнокожий санитар даже в Орлеане. Бедная Франция! Я знаю, как нас, кавказских людей, называют в Москве. И не только в Москве. Мы «чернозадые» и вообще все «черные». Что тогда делать французам, если в их стране количество негров и арабов уже превышает всякие разумные пределы? Куда им бежать или прятаться? В некоторых районах крупных городов уже невозможно встретить белого человека. Вот какой стала Франция. Может, это и правильно, происходит постепенное смешение рас и народов. А может, и неправильно. Ведь французы теряют свою самобытность, смешиваясь с другими. Я не знаю, что можно советовать в этом случае. Думаю, это глобальный процесс, который уже нельзя остановить. И наверное, не нужно. Рано или поздно все расы перемешаются, все народы будут немного китайцами, немного афро-американцами и очень мало белыми людьми, когда-то считавшими себя властелинами этого мира. Среди исчезнувших белых людей будут и кавказцы, которых уже никто не будет называть «черными». Но это произойдет лет через пятьдесят или сто.

Мы быстро нашли офис компании, занимающейся прокатом автомобилей. Но выяснилось, что у них нет подходящей машины. Прошло уже сорок пять минут. Я ждал, когда мне позвонит Артур. Каждую минуту ждал, понимая, как важно найти правильное решение. И тогда я попросил нашего темнокожего Вергилия показать мне место, где можно купить автомобиль. Санитар радостно закивал, продемонстрировав все свои тридцать два белых зуба.

Через минуту позвонил Артур.

— Вы уже выехали? — спросил он вместо приветствия.

— Через пятнадцать минут. Вы перевели деньги на мою кредитку?

— Конечно. Можешь уже тратить. Через пятнадцать минут я тебе перезвоню.

Мы почти бегом бросились к магазину, где продавали автомобили. И выяснилось, что можно купить неплохой микроавтобус «Рено» за тридцать тысяч евро. Я предложил тридцать пять, но чтобы в нем снесли все сиденья, оставив лишь два передних и одно сзади, где-нибудь у двери. Но сделать это нужно за пятнадцать минут. Хозяин магазина, толстый француз с круглыми щечками, похожий на хомяка, испуганно слушал меня. Однако согласился взять деньги и выбросить из салона кресла.

Когда через пятнадцать минут мы подъехали на машине «скорой помощи», нас ждал уже почти готовый микроавтобус, в который можно было внести каталку. Что мы и сделали. Если я вам скажу, как поступил хозяин магазина, вы просто не поверите. Он вызвал двух своих работников и приказал им разрезать автогеном сиденья в автобусе. Как раз и уложились за пятнадцать минут.

Гарри сел за руль. Альберт Ромуальдович отлучился на минуту, чтобы пройти в туалет. Что мне и было на руку. Я дал хозяину магазина еще пятьсот евро и попросил его продать мне небольшой чемоданчик с инструментами его слесарей. Такой чемоданчик мог стоить сто или сто пятьдесят евро. «Хомячок» явно решил, что я сумасшедший миллионер.

Я внес этот чемоданчик в машину, бросил его рядом с каталкой, а сверху аккуратно прикрыл пакетами с вещами Татьяны. Затем взял чемоданчик нашего врача и, обойдя магазин, просто оставил его на тротуаре. Представляю, как удивился тот, кто его нашел. Потом вернулся и сел в кресло, рядом с Татьяной. Посмотрел на ее восковое лицо. Если бы она знала, на какие уловки я шел ради нее! Женщина пошевелилась. Я испуганно взглянул на нее еще раз. Об этой опасности я даже не подумал. А если она придет в себя раньше времени? И без помощи нашего врача? Что мне тогда делать?

Татьяна снова успокоилась. К автомобилю подошел Альберт Ромуальдович. Он явно не понял, почему я уселся сзади, а он должен ехать рядом с водителем.

— Быстрее, — попросил я его, — садитесь в машину. Мы должны ехать. Потом поменяемся с вами местами. Чтобы никто сейчас ничего не понял.

— Они ничего и не поняли бы, — недовольно заметил Альберт Ромуальдович, усаживаясь рядом с Гарри. — В конце концов, я врач, и нет ничего странного, если я буду сидеть рядом с нашей пациенткой.

— Поехали быстрее! — потребовал я. — Дело в том, что я сказал хозяину магазина, что это моя жена и нам нужно срочно отвезти ее домой.

— Тогда понятно, — улыбнулся Альберт, — вы умный человек, Исмаил. Так ловко и быстро все придумали. Я полагаю, господину Абрамову повезло с таким помощником, как вы.

— Лучше скажите это ему самому, — отозвался я и приказал нашему охраннику: — Гарри, тронулись!

Тот согласно кивнул и отъехал от магазина.

— Где мой чемодан? — встрепенулся Альберт Ромуальдович. — Давайте вернемся.

— Он в машине, — успокоил я нашего врача, — мне его передали работники магазина. Он лежит около каталки.

— Тогда все нормально, — кивнул врач, и в этот момент зазвонил мой телефон.

Я достал аппарат. Это был Артур.

— Вы еще не выехали? — гневно прохрипел он. — Сколько можно возиться?

— Мы уже едем, — торжествующе объявил я, скрывая довольную улыбку.

— Нашел реанимобиль или забрал у них машину «скорой помощи»? — поинтересовался Артур.

— Ни то и ни другое.

— Тогда какую машину ты взял? — не понял Абрамов.

— Сейчас я передам телефон нашему врачу, и он вам все объяснит. — Я передал телефон Альберту Ромуальдовичу. Тот взял аппарат.

— Ваш помощник просто гений! — восторженно заявил он. — Представляете, что он сделал? Купил новый микроавтобус, приказал вырезать из него все задние кресла и поместил туда нашу пациентку. Сейчас мы выезжаем из Орлеана. Думаю, уже через несколько минут я смогу привести ее в чувство. У нее не такое сложное положение, как мы думали. Ей сделали болеутоляющий укол, ввели антисептик, дали снотворное. Ничего необычного. Она сможет разговаривать уже через несколько минут.

— Хорошо, — обрадовался Артур, — передайте аппарат Исмаилу. — Ты молодец, — похвалил он меня. — Я вообще в тебе никогда не сомневался. Ты ведь помнишь, я хотел взять тебя к себе, еще когда ты работал в НТВ-кино? И потом тоже хотел. Так что считай, что я тебя похвалил. И специальную премию ты получишь. У тебя сегодня был тяжелый день, Исмаил. Но надеюсь, все закончится хорошо. Перезвоните мне, когда она придет в себя. Ты меня слышишь?

— Конечно. — Я с трудом удержался, чтобы не добавить иронически: «хозяин». Пусть считает себя хозяином жизни. Пусть считает, что он все может и ему все дозволено. Только вот он не знает, что рядом с ним все эти годы был совсем другой человек. Я представил себе его рожу в момент, если бы он узнал об этом. От удовольствия даже тихо рассмеялся.

Между тем наша машина уже выехала из Орлеана, взяв курс на юго-восток, чтобы затем повернуть в сторону Испании.

ГОД ТЫСЯЧА ДЕВЯТЬСОТ ДЕВЯНОСТО ДЕВЯТЫЙ

В марте мы развелись с Ириной. Обошлись без лишних слов и почти без скандалов. Я оставил им трехкомнатную квартиру, а ее отец отдал мне свою однокомнатную рядом с Белорусским вокзалом. И мы посчитали, что так будет правильно. В конце концов, Ирина осталась с нашим сыном, а я мог поменять эту квартиру на двухкомнатную. Что и сделал через несколько месяцев. У меня ведь остался долларовый счет, а сразу после дефолта квартиры в Москве были еще не очень дорогие. Это сейчас в Москве цены взлетели так, словно вы покупаете дома в Лондоне или в Париже. А тогда цены были достаточно умеренными. И, продав свою однокомнатную квартиру у Белорусского вокзала, я к лету девяносто девятого переехал в двухкомнатную квартиру на Беговой, тоже почти в центре города.

К этому времени в России сменилось очередное правительство. Примакова президент невзлюбил с самого начала как кандидатуру, которую ему навязало оппозиционное большинство в парламенте. К тому же Примаков не скрывал своего отношения и к ряду олигархов, и к ближнему окружению Ельцина, считая, что они отрицательно влияют не только на самого президента, но и разворовывают страну. Примаков начал нелегкую борьбу, которая просто должна была завершиться его отставкой. К тому же парламент вновь поднял вопрос об импичменте президенту. И к маю месяцу Государственная дума сформулировала четыре пункта по обвинению Бориса Ельцина: за развал Советского Союза, за государственный переворот девяносто третьего года, за войну с Чечней и геноцид русского народа. Нужно было набрать квалифицированное большинство, которого у оппозиции не было. К тому же стало ясно, что Ельцин не уйдет даже после импичмента. Он к этому времени был уже неуправляем. Становилось понятно, что проблема преемника выходит на первый план. Счет правления первого президента России пошел на недели и месяцы. Но тяжелобольной лев был еще силен. Он отправил в отставку правительство Примакова, решив поручить формирование нового кабинета Сергею Степашину. Знаменитая фраза Ельцина «не так сели» стала лейтмотивом правления нового правительства.

Степашин был порядочным и честным человеком. Но работать ему просто не позволили. И дело даже не в том, что ему на пятки все время наступал его первый заместитель Аксененко. Дело было в самом Степашине. По многим параметрам он не устраивал прежде всего самого Ельцина в качестве преемника. Он не был достаточно жестким, сильным, волевым политиком, который смог бы гарантировать бывшему президенту относительно спокойную жизнь и отсутствие преследования со стороны многочисленных врагов.

К тому же седьмого августа началось вторжение вооруженных групп Басаева и Хаттаба в Дагестан. Стало понятно, что необходим новый лидер, более сильный и целеустремленный. И Ельцин интуитивно сделал выбор, остановившись на Владимире

Путине, новом директоре ФСБ, который проявил себя достаточно волевым и жестким политиком.

Девятого августа Ельцин объявил Путина своим преемником и поручил ему сформировать правительство. И уже шестнадцатого августа кандидатура Путина была утверждена Государственной думой России. В стране традиционно уважают представителей спецслужб, а кроме того, многие помнили знаменитое письмо Путина, когда он уходил из мэрии Санкт-Петербурга со словами «лучше быть расстрелянным за верность, чем повешенным за предательство».

Уже тринадцатого августа в Дагестане началось контрнаступление российских войск. Но это была только прелюдия к основным событиям осени этого года. Тридцать первого августа прогремел взрыв на Манежной площади. По счастливой случайности погиб только один человек. Четвертого сентября раздался взрыв в Буйнакске. Был взорван дом, в котором жили семьи военнослужащих. Погибло шестьдесят четыре человека и более ста получили тяжелые ранения.

Девятого сентября произошел террористический акт в Москве на улице Гурьянова.

Погибло около ста человек и более ста шестидесяти было ранено. Тринадцатого сентября новый террористический акт в столице на Каширском шоссе. Погибло сто двадцать четыре человека, среди которых много детей. Еще через три дня раздался взрыв в Волгодонске, где погибло восемнадцать человек и пострадало более трехсот.

Признаюсь, в эти дни мне впервые стало страшно жить в Москве. С одной стороны, не было никаких гарантий, что в подвале моего дома не закладывают взрывчатку и я могу не проснуться следующим утром. А с другой — ненависть москвичей к приезжим кавказцам достигла пика. Появился термин «лицо кавказской национальности». Среди обывателей укоренилось другое слово «чернозадые». И хотя я был гражданином России и, более того, офицером службы внешней разведки, меня несколько раз останавливали патрули, требуя предъявить документы.

Путин сразу проявил себя бескомпромиссным политиком. Уже двадцать третьего сентября российская авиация стала бомбить основные базы боевиков, а тридцатого сентября началась и наземная операция. Масхадов объявил в Чечне военное положение.

В этой кутерьме, конечно, было жалко самого Масхадова. Честный офицер, верный своему долгу, стал заложником обстоятельств, оказавшись между российской армией и боевиками. Он так и не сумел стать самостоятельной политической фигурой и в итоге трагически погиб. Другой чеченский лидер — Ахмад Кадыров — оказался более прагматичным и трезвым политиком. В решающий момент он осознал всю пагубность новой войны и сделал все, чтобы остановить кровопролитие в своей республике. Он тоже трагически погиб, однако сумел заложить основы мира в измученной Чечне.

Но самое поразительное событие произошло тридцать первого декабря, когда, выступая по телевидению, Борис Ельцин неожиданно объявил о своей отставке. Никто из хорошо знавших президента России не мог поверить в такой его шаг. Инстинкт власти, казалось, был у него в крови. Этот политик отринул свою партию, не остановился перед развалом собственной страны, расстрелом парламента, убрал в решающий момент ближайших соратников, устроил чехарду со сменой кабинетов министров — и все во имя собственной власти. И вдруг собрался добровольно уйти со своего поста.

Я полагаю, что этим своим запоминающимся политическом жестом он вошел в мировую историю. В истории России ни один правитель добровольно не покидал своего поста. А Ельцин сделал это тридцать первого декабря девяносто девятого года, передав управление государством своему преемнику. И хотя он сделал это во многом под давлением целого ряда внутренних и внешних обстоятельств, тем не менее его царский жест остался как один из самых запоминающихся эпизодов в политической жизни страны.

Но самым поразительным в этой истории было поведение самого Ельцина и его преемника. Поразительно, что Ельцин, который был настоящим византийским правителем, самовлюбленным, властным, не терпящим никаких ограничений, жестким, даже жестоким, когда требовала ситуация, вдруг принял такое решение. И так же поразительно, что Путин, которому предложили стать президентом, отказался от такой чести. Можете себе представить? Отказался, честно признавшись, что не готов взвалить на себя такую ношу. Но Ельцин уже принял решение. Во второй раз Путин не сумел отказаться. И с двенадцати часов дня тридцать первого декабря девяносто девятого года стал исполняющим обязанности царя, или президента, что для России в общем-то одно и то же. Только Путин стал не управдомом из комедийного фильма. Он оказался тем самым человеком, который начал выводить свою страну из затяжного кризиса девяностых годов. Оказался именно тем лидером, прихода которого так ждали. После демагогического и трагического болтуна Горбачева, после правления царя-самодура Ельцина на трон взошел прагматик и рационалист, к тому же выходец из КГБ. Он не обладал такой яркой харизмой, как у Ельцина, не прошел такой долгий путь к власти, как Горбачев, никогда не руководил городом или областью, работая лишь на вторых ролях у Собчака в Санкт-Петербурге, но оказался государственником и патриотом своей страны в лучшем понимании этого слова, человеком, которого все ждали.

ФРАНЦИЯ. ДОРОГА НА ВИШИ. ТОТ САМЫЙ ДЕНЬ

Наш автомобиль направлялся на юг. На часах было около трех. Вот таким длинным получился этот день. Я пытался сосредоточиться, немного успокоиться, но сидевший впереди Альберт Ромуальдович потребовал, чтобы Гарри остановил автомобиль. Он вышел из машины и, обойдя ее, открыл заднюю дверь.

— Пересаживайтесь на мое место, — потребовал Альберт.

Я покорно вылез, пересел на его место рядом с водителем. Пусть теперь ищет свой чемоданчик палача. Как только я уселся, Гарри тронулся с места. Альберт Ромуальдович уже сидел на моем месте и проверял пульс нашей пациентки.

— У нее все в порядке, — заверил он меня через некоторое время. — Теперь мы можем ее разбудить. Нам даже немного повезло, ведь в самолете пришлось бы прибегать к более сильным средствам.

— Лучше бы мы нормально приземлились в Испании, — недовольно заметил я. Это тоже было мое алиби. Он ведь все видел. А я действительно старался изо всех сил, чтобы увезти нашу пациентку как можно быстрее из больницы в Орлеане, где ее могли привести в сознание и без помощи нашего врача. Я все сделал для этого. И о моих успехах наш доблестный эскулап уже доложил нашему боссу. Теперь Артур не посмеет высказать свои подозрения, даже если они у него вдруг появятся.

— Конечно лучше, — согласился Альберт Ромуальдович, — но ничего страшного. Мы все равно сумеем ее разбудить. Нам эта спящая красавица нужна только на время. А потом пусть спит сколько захочет. — Он неожиданно улыбнулся: — От вас так пахнет виски, словно вы настоящий алкоголик.

— Это из-за аварии в самолете. — Я вдруг подумал, что хозяин автомобиля, тот самый «хомячок», который продал нам микроавтобус, мог тоже уловить этот запах и решить, что я просто пьяный кретин. Поэтому-то и смотрел на меня с таким изумлением и жалостью.

Альберт наклонился, чтобы достать свой чемоданчик, и улыбка тут же сползла с его лица.

— А где мой багаж? — спросил меня Альберт Ромуальдович.

— Какой багаж? — разыграл я удивление. — У вас был с собой только небольшой чемоданчик.

— Ну да, мой чемодан. Где он? — нетерпеливо объяснил врач.

— Лежит рядом с вами. — Я постарался сказать это как можно искреннее.

Он опять наклонился, посмотрел под креслом, затем снова поднял голову. И я вдруг увидел, как он покраснел. Было бы неплохо, если бы наш врач вдруг получил сильный удар. У таких людей это иногда случается.

— Где мой чемодан? — свистящим шепотом повторил вопрос Альберт Ромуальдович.

— О чем вы меня спрашиваете? — Я приподнялся, чтобы перегнуться и самому посмотреть, куда могли подеваться его инструменты. И показал на лежащий под пакетами чемоданчик слесарей. — Вот он.

— Это не мой, — с трудом сдерживаясь, рявкнул врач. — У меня был совсем другой.

— Не может быть, — растерялся я и даже сконфузился. — Я сам видел, как они его принесли и положили в машину. Вы посмотрите, может, все-таки ваш?

— Я точно знаю, что не мой. На моем чемоданчике стоят мои инициалы.

— Тогда что же они нам принесли? Можно мне его посмотреть? — Самым главным было немного потянуть время, чтобы мы уже не могли вернуться назад.

Альберт Ромуальдович достал этот тяжелый чемоданчик и передал его мне.

Я с трудом удержал его на весу. Конечно, это не инструменты врача, а слесаря. Они гораздо тяжелее. Я долго возился с замком, пока врач нетерпеливо меня подгонял. Но наконец открыл чемоданчик. Там действительно лежали слесарные инструменты.

— Ну вот, видите, — нервно произнес Альберт, — это точно не мой. Нужно срочно вернуться и забрать мой чемоданчик.

— Вы с ума сошли! — Я вернул ему чемодан. — Мы проехали уже километров двадцать или двадцать пять. Артур оторвет мне голову. Нет, я так не могу.

— Нужно возвращаться! — повысил дантист голос. — Там осталось все, что я с собой взял. Я ничего не смогу сделать без этого набора.

— Купим другой. — Гарри все еще ехал по направлению на юг. И каждая лишняя секунда делала невозможным наше возвращение назад.

— Нет, не купим. Скажите ему, чтобы он поворачивал назад. Поворачивайте, Гарри, мы возвращаемся, — добавил Альберт по-английски.

— Нет, — напомнил я, кто здесь старший. — Нет, Гарри. Не останавливайтесь. Скажите мне, доктор, сколько стоит ваш чемоданчик со всеми лекарствами и шприцами?

— Вы не понимаете. Без него я ничего не смогу сделать...

— Я спрашиваю, сколько он стоит? В конце концов, согласитесь, что это ваша вина. Я видел, как они принесли чемодан и положили его в салон автомобиля. Откуда я мог знать, что он не ваш? Я к нему специально не приглядывался. А вы должны были проверить свои инструменты, прежде чем мы выехали. Вы же врач, это ваше дело проверять, что лежит в этом чемоданчике.

— Верно, — согласился он, — поэтому нам нужно срочно вернуться. Мы потеряем от силы час, не так много.

— Ни в коем случае! Скажите мне, сколько может стоить новый набор. Со всеми лекарствами. Тысячу, две тысячи, пять? Я все равно плачу не свои деньги. Артур перевел мне крупную сумму на мою кредитку. Сколько стоят ваши пропавшие вещи?

Альберт на секунду замолчал. Задумался. Жадность — отличительная черта всех не очень хороших людей. Потом осторожно сказал:

— Полагаю, пяти тысяч будет достаточно.

— Долларов? — Самое главное, что он согласился.

— Фунтов, — тихо пояснил он.

Вот сукин сын! За пять тысяч фунтов можно было купить все препараты и все оборудование, которое было в орлеанской больнице. За пять тысяч фунтов можно купить десять таких чемоданчиков. Но я не стал торговаться. Ведь это действительно были деньги Артура.

— Договорились. — Мне было противно смотреть на этого мерзавца, которого так легко купить. Я отвернулся от него.

Кажется, Альберт сам понял, что несколько перегнул палку с этой суммой. Поэтому торопливо добавил:

— Там было несколько очень важных для меня вещей. И сам чемоданчик был очень дорогой, из крокодиловой кожи. Я купил его в Мельбурне, он стоил две тысячи долларов.

— Не сомневаюсь, что он дорогой. — Я видел этот чемоданчик, он не мог стоить дороже двухсот долларов. Но пусть врет, мне это сейчас даже очень выгодно.

— Что будем делать, если позвонит Артур? — спросил меня Альберт Ромуальдович. — Что мы ему скажем?

— Можно сказать, что мы пытаемся выяснить, где документы, но она не может ничего вспомнить, — предложил я. За пять тысяч фунтов он должен мне помогать, иначе я ему ничего не дам. — У нее гематома, — напомнил я моему собеседнику. — Она могла забыть, куда положила документы.

— Правильно. — Он посмотрел на Татьяну и неожиданно спросил: — А деньги вы мне выпишете чеком? Или можете дать наличными?

— Сниму их с карточки и дам вам наличными. — Пусть он подавится. Лишь бы согласился соврать Артуру.

Мой ответ врачу явно понравился.

— Я вас понимаю. Конечно, она в тяжелом состоянии. И может не вспомнить, что с ней произошло, — согласился он.

Хорошо, что Гарри не понимал, о чем мы говорили. Он выжимал из машины все, на что она была способна. И мы ехали по направлению к Виши. Пусть теперь Артур звонит хоть сто раз. Наш добрый доктор Айболит был теперь на моей стороне. Учитывая, что я заплачу ему деньгами Артура, мне это было тем более приятно.

ГОД ДВУХТЫСЯЧНЫЙ

Всем казалось, что это особая дата, которую нужно отметить с особым размахом. Хотя на самом деле год с тремя нулями лишь подводил итоги второго тысячелетия, а новый век начинался только первого января следующего года. Но магия цифр действовала завораживающе.

Проблема года с тремя нулями пугала и компьютерщиков, которые уверяли, что после этого дня начнется мировой апокалипсис, когда машины сойдут с ума, не понимая, какой сейчас год, и цифра с тремя нулями даст компьютерный сбой в масштабах всего мира. Позже выяснилось, что машины оказались гораздо умнее и все восприняли правильно. Хотя нет, не так. Сами операторы оказались гораздо умнее. На этой надуманной проблеме они заработали миллионы долларов, перепрограммируя тысячи компьютеров.

Человечество радостно отметило начало нового тысячелетия. А в России готовились к новым президентским выборам. Они были назначены на конец марта. Основным соперником должен был по традиции стать лидер коммунистов Зюганов, уже давно превратившийся в профессионального аутсайдера, когда всем известно, что он не пройдет ни при каких обстоятельствах, но его все равно выдвигают для того, чтобы создать соответствующий фон основному кандидату.

Зюганова действительно выдвинули, и казалось, все идет так, как должно быть. А на выборах преемник Ельцина легко переиграет лидера коммунистов и станет президентом. Но тут появился мощный неучтенный фактор. Отставленный Примаков сумел договориться с крупными региональными баронами — Лужковым, Шаймиевым, Рахимовым. Вместе с другими недовольными они составили мощную коалицию, которая начала уверенно набирать проценты и голоса избирателей. Социологические опросы показывали, как реально растет влияние этой группы людей. И казалось, что Примакова уже невозможно остановить.

Этот кандидат более всего волновал новых олигархов, которые подозревали Примакова в антипатиях ко всем, кто сумел урвать свою долю добычи в бандитские девяностые годы, ко всем, кто сумел сделать состояние во времена последнего русского царя Бориса. Они вдруг осознали, что объявленный преемник может не пройти во власть и тогда начнется эпоха судебных преследований и прокурорских расследований по многим фактам их прошлой жизни.

Угроза появления государственника Примакова снова заставила олигархов сплотиться. На поддержку Путина были брошены все силы и средства. На первом канале появился настоящий телекиллер — Сергей Доренко, который каждую неделю выступал против группы Примакова—Лужкова. Получивший, по слухам, миллион долларов от Березовского, он сделал все, чтобы окончательно погубить выдвижение Евгения Примакова. Нужно было слышать и видеть, как неистовствовал Доренко, как грубо работали остальные каналы против Примакова. Конечно, Доренко вел свою борьбу крайне непорядочными средствами. И после президентской компании сразу исчез с телеэкранов. Можно сказать, он сделал свое дело и должен был уйти. Среди нормальных журналистов даже стало неприличным произносить его фамилию. Но Примаков сошел с дистанции. Путин гарантированно победил Зюганова и стал президентом.

Я все время представляю себе олигархов, которые так и не поняли самого главного. На самом деле Путин — это молодой Примаков, с такими же взглядами на роль государства и так же страстно желающий отстранить олигархов от власти. У них была одна школа, одни и те же наставники. Но в тот момент никто не мог даже предположить, кем станет Путин для олигархов.

Оставленное Ельциным наследие было удручающим. Внешний долг составлял сто шестьдесят миллиардов долларов. Экономика только начинала выходить из коллапса после дефолта. Войне в Чечне не было видно конца. Олигархи бессовестно разворовывали страну, вывозя ее природные ресурсы, чиновники не скрывали своей коррумпированности. Престиж власти был сведен к нулю.

Политологи и политики любят рассуждать о добровольном уходе двух президентов — Горбачева и Ельцина. На самом деле это ложь. Горбачева буквально вытаскивали из его кабинета, даже после Беловежской Пущи он все еще не хотел сдаваться, надеясь на какие-то призрачные шансы. Ельцин действительно ушел сам, но к концу его правления рейтинг некогда любимого и всенародного избранного президента был очень невысок. Он просто не мог не уйти, полностью скомпрометировав себя в последние годы правления. К концу его царствования анекдоты про него напоминали уже анекдоты про Брежнева. Часто беспомощный, плохо ориентирующийся, подставляемый своими советниками и помощниками, этот политик превратился в пародию на самого себя образца десятилетней давности.

Едва придя к власти, Путин создал институт полномочных представителей Президента, разделив страну на семь федеральных округов, в каждом из которых назначил своего представителя, как правило, армейского генерала или генерала из службы безопасности. Хотя были и исключения. Так, в Поволожский округ отправили Кириенко, посчитав, что он сумеет справиться с региональными баронами, представляющими национальные образования.

В Чечне был взят курс не просто на подавление сепаратистов. Наконец, начал меняться сам подход к решению чеченской проблемы. К концу года стало понятно, что только силами армии и внутренних войск

МВД навести порядок там не удастся. Нужно опираться на самих чеченцев в деле решения всех вопросов, касающихся Чечни. Лишь таким образом можно установить мир в республике.

В этом году я ушел с НТВ-кино, перейдя на работу в новую нефтегазовую компанию «ЮКОС». И у меня сменился куратор. Петр Петрович умер во сне, как праведник. Он просто лег вечером спать, а утром не проснулся. Я искренне оплакивал умершего, ведь мы провели вместе много лет. Но на похороны не поехал, этого нельзя было сделать по причинам конспирации. Вместо Петра Петровича появился Николай Николаевич, которому было лет под шестьдесят. Он оказался более брутальным, грубым, прямолинейным человеком. Как будто работал не в разведке, а провел всю свою жизнь в колонии для особо опасных осужденных. Позже я узнал, что Николай Николаевич возглавлял наши резидентуры в нескольких африканских странах, и это, безусловно, наложило на него определенный отпечаток. Он привык чаще полагаться на грубую силу, чем на гибкость ума. Но нужно отдать ему должное — Николай Николаевич никогда не позволял себе никаких вольностей. Если Петр Петрович любил импровизацию и нередко предлагал мне различные варианты, то с моим следующим куратором ничего такого не могло быть по определению. Он исправно получал от меня информацию и также исправно передавал ее по инстанции. Ничего личного.

В конце двухтысячного года я снова встретил Артура Абрамова. Он был одним из акционеров «ЮКОСа». Мы знали друг друга уже много лет, и Артур предложил мне подумать о переходе в его компанию. Но я тогда отказался, ведь решения за меня принимали другие. К тому же меня наградили медалью за работу в НТВ-кино, посчитав, что я очень неплохо информировал руководство о положении в самой компании НТВ. Между прочим, скоро у них начались большие проблемы. И не только у компании. Гусинский был первым, с кого начались прокурорские и судебные проверки. Его даже арестовали. Но он оказался достаточно благоразумным человеком и потом уехал сначала в Испанию, а затем в Израиль. Через некоторое время на канале НТВ поменяли руководство и передали канал «Газпрому». Туда поставили совсем другого человека, который просто разогнал прежний коллектив. Какое-то время бывшие работники НТВ продержались на шестом канале, но вскоре их выгнали и оттуда. В общем, это грустная история о том, как теленок бодался с дубом. Журналистам сразу дали понять, что их независимость раздражает, а их объективность вызывает сомнения.

Каналу НТВ не простили освещение событий во время первой и второй Чеченских войн, когда журналисты пытались быть даже более объективными, чем чеченские полевые командиры. Не стану скрывать, что некоторым за это платили. И платили очень большие деньги. Об этом знали в Кремле, и такая практика вызывала еще большее раздражение. В общем, меня убрали с НТВ именно тогда, когда было принято решение о поэтапном выдавливании с телевидения журналистов этого канала. Что в конечном итоге и свершилось.

И еще одно событие произошло в том году. Должен признаться, что для меня оно остается абсолютной тайной, но на фоне новых событий, происходящих в мире, я думаю, сегодня можно несколько иначе взглянуть на этот невероятный эпизод из политической жизни России.

Ровно за пять недель до президентских выборов в Светлогорске умер Анатолий Александрович Собчак. Такая неожиданная, но и очень «своевременная» смерть человека, который знал будущего президента больше, чем кто-либо другой. И не просто знал, а способен был увлеченно о нем рассказывать или красочно его описывать.

Конечно, я не думаю, что сам Путин был причастен к этой смерти, столь внезапной и такой нужной. Но в окружении первого и второго президентов было слишком много людей, которым нужна была безболезненная передача власти. А живой Собчак делал эту процедуру болезненной. Он мог выступить по любому поводу, дать интервью, рассказать массу ненужных деталей или подробностей. Но даже если эта загадочная смерть была случайностью, то нужно признать, что она оказалась своевременной. После похорон Собчака путь к вершинам власти для нового президента был открыт. Говорят, есть люди, которым благоволят звезды. Возможно, это был тот самый случай.

КЛЕРМОН-ФЕРРАН. ФРАНЦИЯ.
ТОТ САМЫЙ ДЕНЬ

Проехав Виши, мы свернули в сторону на Клермон-Ферран. Когда-то это были два разных города — Клермон и Монферран, которые затем объединились в один. Бывший Монферран знаменит своей архитектурой с характерными чертами эпохи Ренессанса и заводом по производству автомобильных шин «Мишлен». Различные здания завода и его магазины разбросаны там по всему городу. Но у нас была новая машина, и мы не нуждались в смене шин. А вот есть хотели уже основательно. Поэтому Гарри остановился около небольшого ресторана на рю де Грасс. Должен сказать, я помнил, что в этом городке на площади Жод установлен памятник легендарному предводителю галлов Верцингеториксу. Но мы, конечно, не стали искать этот памятник. Нам надо было как можно скорее поесть и ехать дальше.

Я попросил хозяина сделать нам несколько сэндвичей и приготовить ящик минеральной воды без газа. Затем прошел в туалетную комнату и, достав второй телефонный аппарат, набрал номер моего куратора.

— Здравствуйте, Николай Николаевич, — вежливо поздоровался я.

— Где вы были, Ахав? — раздался его недовольный голос. — Почему сразу не перезвонили?

— Не смог. Мы пытались вылететь в Испанию, но наш самолет потерпел аварию, и теперь мы находимся во Франции.

— Где именно?

— В Клермон-Ферране. Мы остановились, чтобы взять воду и сэндвичи.

— Женщина с вами? Как она себя чувствует?

— Пока не приходила в сознание.

— Кто с вами еще?

— Два человека. Английский охранник и врач. Альберт Ромуальдович. Он, кажется, из Вильнюса или из Риги, точно не знаю. Он дантист, но иногда оказывает дополнительные услуги Артуру Абрамову.

— Почему вы полетели без Артура?

— На нас напали возле аэродрома. Двое неизвестных. Обстреляли наши машины из автоматов с глушителями.

— Их было только двое?

— Да. Вы не подскажете мне, кто они такие?

— Я не знаю. Вы только сейчас сообщили мне об этом нападении. Нужно было позвонить раньше.

— Я не мог раньше. Я был все время с посторонними людьми. И рядом были офицеры французской полиции.

— Вы видели какие-нибудь документы у женщины?

— Нет. — Я был готов соврать даже моему куратору, чтобы не подставлять лишний раз женщину. Никто не хотел оставить ее в покое из-за этих проклятых бумаг.

— Она сама вам ничего не сообщала?

— Нет. Я хотел бы понять, что происходит. Почему ее приезд вызвал такой ажиотаж?

— Вы знаете, чья она супруга?

— Знаю.

— В таком случае должны понимать, что ее приезд в Лондон был вызван крайней необходимостью. И о ее визите никто не должен был знать. Вы меня понимаете, Ахав?

— Ничего не понимаю. Вы можете внятно объяснить, что здесь происходит?

— Мы пока сами разбираемся.

— Что мне делать?

— Находитесь рядом с ней и никуда не отлучайтесь. Пока нет Артура, вы в относительной безопасности. Звоните мне каждые два часа. Я постараюсь передать вам новую информацию.

Я убрал телефон. Вот и все. Как же тяжело было работать шпионам в прошлые времена! Приходилось находить связного, рисковать жизнью, пытаясь передать какие-то сведения, иметь радиста или хотя бы почтовых голубей. А сейчас достаточно достать из кармана телефон и набрать номер в любой точке земного шара. Увы. Ремесло шпионов заканчивается. Они скоро никому не будут нужны. Останутся только операторы для связи, которые будут исправно сообщать обо всем в свои центры. Даже немного обидно.

Я вернулся к машине. Гарри уже сидел за рулем, а Альберт Ромуальдович на своем месте в салоне автомобиля, рядом с Татьяной. Я уселся рядом с водителем и обернулся.

— Почему так долго? — спросил меня наш врач.

— Живот разболелся, — буркнул я. Альберт мог бы и помолчать, учитывая, сколько денег я ему пообещал. — Поехали, Гарри! — приказал я.

Едва мы отъехали, как зазвонил телефон Альберта Ромуальдовича. Он достал аппарат. Это звонил Артур.

— Что-нибудь узнали? — сразу поинтересовался босс.

— Нет, — ответил врач, чуть покосившись на меня. Они говорили по-русски, и Гарри их не понимал. — Она пришла в себя, но ничего не помнит. Я несколько раз спрашивал ее про документы. Она ничего не помнит.

За такие деньги он мог бы врать и получше. От волнения у Альберта даже выступил пот на верхней губе.

— Сделайте ей какой-нибудь укол, — потребовал Артур, — мне нужно, чтобы она все вспомнила.

— Я уже сделал один укол, — вздохнул Альберт Ромуальдович, — сейчас нельзя делать второй. Надо немного подождать.

— Сколько ждать? — разозлился Абрамов. — Мне нужны документы. Куда она их дела?

— Вы спрашиваете у меня? Откуда я знаю?

— Так узнайте у нее. Если нужно, сделайте ей еще укол. Возьмите отвертку и проткните ей руку или ногу. Пусть вспомнит. Мне нужны документы. Делайте что хотите, но пока вы доедете до границы, мне нужно узнать, куда она дела документы. Где вы сейчас находитесь?

— В Клермон-Ферране.

— Где? — В отличие от нашего врача Артур лучше разбирался в географии. Или у него под рукой была карта Франции. — Вы еще так далеко? Когда вы будете на границе?

— Когда мы будем на границе? — спросил у меня Альберт Ромуальдович.

— Сегодня ночью, — честно признался я. — Не раньше часа или двух. И потом еще часа три ехать до Барселоны. В общем, будем там к утру.

— Мы будем утром, — сообщил врач.

Артур снова начал ругаться. Альберт Ромуальдович поморщился. Но терпеливо слушал.

— У нее есть с собой телефон? — спросил наконец Артур.

— У нее есть мобильный телефон? — переспросил меня врач.

— Есть в сумке. Но он выключен.

Альберт Ромуальдович повторил мои слова.

— Включите его через несколько часов, — распорядился Артур, — когда будете в Испании. Если позвонят и будут искать госпожу Негачкову, можете сказать, что она попала в аварию. Но только поздно вечером. Пока они Негачкову найдут, вы успеете устроить ее в местную больницу. Если вы немного прибавите скорости, то успеете и все будет нормально.

— Обязательно, — согласился врач и, положив телефон в карман, глянул на меня. — Артур хочет, чтобы мы немного прибавили, — пояснил он.

— Мы сейчас на горной дороге, тут опасно ехать на большой скорости. Сегодня с утра я уже дважды попадал в аварию. С меня хватит. Не хочу попасть в третий раз.

Наш жадный доктор Айболит промолчал. Зачем ему пять тысяч фунтов на том свете? Тем более из-за какой-то женщины, которую он даже не знает. Если бы только он мог себе представить, какой она была в молодости! И если бы только знал, как я был в нее влюблен! Впрочем, хорошо, что не знал. Иначе сразу же все понял бы и про нашу вынужденную посадку, и про свой утерянный чемоданчик. Мы ехали по направлению к Тулузе. И я даже не мог предположить, что, пока мы ехали на юг Франции, в Орлеан уже прибыла техническая комиссия из Парижа, которая осмотрела самолет и вынесла неоспоримый вердикт, что иллюминатор просто разбили, ударив несколько раз по стеклу бутылкой виски. К тому же зловредная стюардесса точно указала, кто мог это сделать и кто был залит виски. Такой вывод комиссии не оставлял мне ни одного шанса. А еще через час об этом сообщили Артуру.

ГОД ДВЕ ТЫСЯЧИ ПЕРВЫЙ

Наступил новый век. Возможно, спустя много лет мы поймем, как страшно он начался. Если ужасы двадцатого века начались с выстрелов Гаврилы Принципа в Сараево, то двадцать первый век начался одиннадцатого сентября атаками самолетов на небоскребы Нью-Йорка. Это была акция такого устрашения и размаха, что весь мир содрогнулся. Стало ясно, что мы вступили в новую фазу своего развития. В фазу неслыханных террористических актов, невиданных разрушений и человеческих жертв.

И еще стало понятно, что отныне террористы будут главными героями телевизионных репортажей. Весь мир наблюдал в прямом эфире, как рушились башни Всемирного торгового центра, как люди выбрасывались из окон горящих небоскребов, как погибали сотни и тысячи несчастных людей. Некоторые из них успевали позвонить домой и попрощаться с родными. Кровавая трагедия превращалась в шоу.

Но даже в самые жуткие минуты люди порой проявляют самые лучшие свои качества. Третий самолет террористов врезался в Пентагон, а четвертый так и не долетел до Белого дома. Оказавшиеся в нем пассажиры смело вступили в схватку с террористами, и те были вынуждены опрокинуть самолет совсем в другом месте. Пассажиры этого самолета, проявив мужество в такой сложной ситуации, сами того не подозревая, возможно, спасли еще несколько десятков человеческих жизней.

Мир действительно содрогнулся. Это не штампованная фраза, которую любят употреблять журналисты. Тогда все осознали, как хрупка и как уязвима наша цивилизация и как трудно остановить фанатиков, желающих умереть и убить при этом множество ни в чем не повинных людей.

Одним из первых президенту США позвонил президент России. В этот сложный для человечества момент объединились все здравомыслящие люди, руководители всех стран, религиозные лидеры, общественные деятели. Мир осознал угрозу своему существованию.

Нельзя быть циником, но нужно признать, что все политики все же немного циники. С этого дня цены на энергоносители стремительно поползли вверх. Мир вступал в период изнурительных войн и грандиозных террористических актов. Цены на нефть, газ, золото начали активного расти. Курс доллара пополз вниз относительно других ведущих валют. Имевшая огромный профицит своего бюджета американская экономика вступила в полосу длительного спада, профицит сменился дефицитом бюджета.

Американцы вдруг вспомнили, что однажды они уже назначили Усаму бен Ладена своим главным врагом. Но тогда они были очень заняты проблемами Клинтона и его толстоватой практикантки. Теперь новый президент Соединенных Штатов был готов действовать. Он получил согласие всех своих союзников и даже заручился поддержкой России, благосклонно разрешившей создание американских баз в своем мягком подбрюшье — в Средней Азии. Весь мир вдруг вспомнил, что за год до этих событий в Узбекистан и Киргизию вторгались отряды талибов из Афганистана и Таджикистана, пытаясь прорваться в Ферганскую долину.

Мир вдруг вспомнил, как уничтожались памятники культуры в Афганистане, какой режим там был установлен.

Это был тот самый случай, когда объединились сразу две самые мощные военные державы в мире — США и Россия. В качестве их союзников выступили страны НАТО и страны Средней Азии. Кроме того, на их стороне оказались и многочисленные отряды оппозиции внутри самого Афганистана. Режим талибов не смог вынести такого давления. Но никто не знал, что это лишь начало глобального противостояния в мире.

Высокие цены на энергоносители начали выводить российскую экономику на новые рубежи. Путин изо всех сил укреплял государство. Поддержавшие его всего лишь год назад олигархи вдруг отчетливо поняли, что они ошибались. Президентом оказался человек, который поставил четкую цель — уменьшить их влияние, удалив наиболее одиозных олигархов из коридоров власти. Противостояние началось практически сразу после его прихода к власти. Он не хотел и не мог мириться с тем олигархическим капитализмом, который был создан в его стране. В крупных государственных компаниях начали менять менеджеров, заменяя этих «владетельных баронов» обычными государственными чиновниками. Но основная борьба с олигархами была еще впереди.

ТУЛУЗА. ФРАНЦИЯ.
ТОТ САМЫЙ ДЕНЬ

Мы двигались, не останавливаясь, около пяти часов. Несколько раз Татьяна приходила в себя, открывала глаза и оглядывалась вокруг. Альберт Ромуальдович сидел рядом с ней и как стервятник караулил свою добычу. Но Татьяна опять закрывала глаза и снова засыпала. Я не разрешал ему ее будить. Пусть отоспится, возможно, в Испании ее ждет не самый лучший прием. И все-таки один раз наш врач не выдержал. Когда Татьяна опять открыла глаза, он громко по-русски спросил ее, как она себя чувствует. Женщина моргнула и уже явно собиралась ответить, но тут вмешался я.

— Пусть отдохнет. Не нужно ее дергать, Альберт Ромуальдович.

Она услышала мой голос и снова закрыла глаза. Врачу явно не понравилось мое вмешательство, но он промолчал. В конце концов, я обещал дать ему деньги, как только мы сдадим нашу пациентку в испанскую больницу.

— Может, Гарри остановится у какой-нибудь аптеки и я сумею купить шприц и нужные лекарства? — предложил Альберт Ромуальдович. — Она уже в таком состоянии, что сможет ответить на наши вопросы.

— Не нужно, — отмахнулся я, — это может быть опасно. И не забывайте, что мы во Франции. Здесь вам могут не продать в аптеке нужное лекарство или шприц без рецепта.

— Но я сам врач и могу выписать рецепт, — удивился Альберт Ромуальдович, — французские аптеки принимают рецепты британских врачей.

Я чуть не закусил губу от досады. Как я мог так проколоться? Глупо.

— Все равно опасно. Мы потеряем время, — возразил я. — К тому же сейчас уже поздно. Обычные аптеки закрыты, а дежурные работают только в крупных городах. Давайте быстрее доедем до Барселоны, сдадим ее в местную больницу, а потом подъедем к любому банкомату, чтобы я мог получить деньги. Вас устроит, если я заплачу вам в евро по курсу?

— Без разницы, — счастливо улыбнулся Альберт и больше не вспоминал про аптеку.

К Тулузе мы подъехали, когда часы показывали уже половину девятого. Измученный Гарри взглянул на меня, так, что я без слов понял, что его нужно сменить.

— Ты поспи, — предложил я ему, — нам еще далеко ехать, до самого утра. А я посижу за рулем.

— Как ваша рука? Вы сумеете вести машину? — спросил он.

— Не беспокойся.

Гарри остановил машину, и мы поменялись местами. Было уже достаточно темно, и поэтому я немного сбавил скорость. Двигаться следовало осторожно. Я хорошо помнил пословицу, что Бог любит троицу. Третьей аварии я мог просто не пережить.

Около девяти зазвонил телефон. Альберт Ромуальдович достал свой аппарат. Я услышал голос Артура. У нашего доктора Айболита был такой мобильник, что окружающим все было хорошо слышно.

— Где вы находитесь? — потребовал отчета Артур.

— Въезжаем в Тулузу, — ответил Альберт.

— Когда будешь один, перезвони мне, — приказал Абрамов.

И я услышал его приказ. Это меня сразу насторожило, но я ничего не сказал, только прибавил немного скорости. Через минут двадцать я остановился у небольшой бензоколонки, чтобы заправиться и взять еще несколько сэндвичей. Мы весь день держались на бутербродах, но остановиться для обеда не могли.

Альберт Ромуальдович сразу пошел в туалет, а я, распорядившись, чтобы нам залили бак доверху, отправился следом за ним. Я подошел к дверям, когда он уже набирал номер Артура. Отсюда я не мог слышать, что говорил Артур, зато хорошо слышал, что отвечал ему врач.

— Что случилось? — спросил Альберт. — Почему такая секретность? Не может быть! Значит, это Исмаил нарочно сломал иллюминатор, чтобы посадить самолет? Какой негодяй! Я его подозревал, но ничего вам не говорил. Он выбросил мой чемодан, в котором были мои личные деньги и все инструменты. Нет, я, конечно, оставил при себе часть лекарств и шприцы, но мой чемоданчик он выбросил. А там были мои деньги. Пять тысяч фунтов. Если заплатите, спасибо. Но я сразу понял, что он нас обманывает. Нет, я, конечно, сделал ей укол и допрашивал ее. Как вы могли подумать, что я вас обману?! Какой мерзавец этот Исмаил! Конечно, я все понял. Буду за ним следить. Сейчас я снова сделаю ей укол и все узнаю. Не беспокойтесь, я попрошу Гарри остановить у дежурной аптеки. Мне нужно только, чтобы он меня слушался. Нет, сейчас ему лучше не звонить. Они сидят рядом. Я вернусь к машине и попрошу Гарри вам позвонить. Да, у него есть пистолет. Нет, я не боюсь Исмаила. Не беспокойтесь, мы все сделаем. Только сами поговорите с Гарри и все ему объясните. Если нужно, мы свяжем Исмаила и повезем его с собой. А ваши люди пусть ждут нас в Барселоне. Да, мы все сделаем, не беспокойтесь.

Врач страдал многословием. Не нужно было слышать, что именно говорил Артур. Все было ясно и так. Кажется, моя английская командировка заканчивалась. Абрамов узнал, что это именно я сломал тот иллюминатор. Ничего удивительного, рано или поздно он узнал бы об этом. Просто я думал, что у меня есть еще сутки в запасе. Оказалось, их не было. Но теперь нужно было действовать немедля. Больше у меня не было ни секунды на раскачку.

Я быстро вернулся к машине. Гарри еще спал. Нужно было только сделать два шага и вытащить у него пистолет, которые все охранники носили в кобуре. Но так рисковать было нельзя. Я подошел к машине и разбудил его.

— Гарри, у тебя оружие с собой? — спросил я у него, еще сонного.

— Что случилось?

— Дай мне пистолет. Нужно посмотреть, какие у нас патроны. Доктору нужны наши патроны для каких-то опытов.

Гарри усмехнулся, достал оружие и отдал его мне. Я сжал в руках пистолет и приказал себе не нервничать и дождаться, когда появится наш сволочной доктор Айболит. Вы только подумайте, от жадности он даже выдал себя, рассказав про исчезнувший чемоданчик. Артур понял, что я его элементарно купил. И пообещал ему эти проклятые пять тысяч фунтов. Теперь Альберт Ромуальдович будет стараться изо всех сил, чтобы себя реабилитировать. Конечно, он купит нужное лекарство и сделает нашей пассажирке укол. А я не смогу его остановить. Но Айболит не учел, что у меня могли быть свои планы.

Я засунул пистолет в карман и в этот момент увидел, что к машине подходит Альберт Ромуальдович. Глаза у него бегали. Даже если бы я не подслушал его разговора, то и тогда насторожился бы. Ведь на самом деле очень легко определить, когда человек врет, а когда говорит правду. Альберт сладко улыбнулся и спросил:

— Когда поедем?

— Минут через пять, — откликнулся я. — Вот только куплю очередную партию сэндвичей и выдам вам всем под расписку. — Какое счастье, что Гарри не знал русского языка.

Я повернулся и пошел в магазин. Можете представить, каких усилий стоило мне сделать эти несколько шагов спиной к ним?! Правда, я не особо рисковал, поскольку ключи от машины были у меня в руках. Я чуть обернулся, услышав, как Альберт Ромуальдович зовет Гарри за собой. Они быстро отошли от машины. Вот и все. Теперь мне нужно быстро вернуться. Я побежал обратно. Они стояли и о чем-то оживленно разговаривали. Альберт Ромуальдович от волнения даже размахивал руками. Полагаю, они даже не сразу сообразили, что именно случилось.

Я сел за руль и, отъехав от бензоколонки, дал полный газ. Они замерли, затем бросились в погоню. Кажется, Альберт крикнул Гарри, чтобы тот стрелял. Представляю себе состояние обоих, когда Гарри сообщил, что его пистолет у меня. А через минуту я был уже далеко. Они остались на дороге, и я слышал их дикие вопли. Особенно громко кричал доктор Айболит, ведь он остался без обещанных ему денег.

Потом Альберт несколько раз звонил мне на мобильный. Я специально его не отключил, но не отвечал, глядя на его высвеченный номер. Наверное, нужно было ответить, чтобы услышать, как он ругается. Но я решил просто не трогать телефон. У меня не было на это времени.

Первые полчаса я гнал не останавливаясь. И резко затормозил только тогда, когда вдруг услышал за спиной голос Татьяны:

— И куда мы сейчас едем?

ГОД ДВЕ ТЫСЯЧИ ВТОРОЙ

Цены на энергоносители продолжали расти, заметно улучшая экономические показатели новой России. Олигархов постепенно выдавливали из страны. Одни уезжали в Лондон, другие эмигрировали в Израиль, некоторые умудрились остаться в Испании. Березовский, который был своего рода графом Уориком при российском дворе, этаким своеобразным «делателем королей», вдруг осознал, что оказался никому не нужен. Более того, он был признан достаточно опасным и давление на него началось со всех сторон.

Я работал в компании «ЮКОС» у Ходорковского, который считался на тот момент самым богатым человеком в России. Нужно сказать, что компания работала действительно неплохо. У нас были очень толковые менеджеры, руководители, исполнители. Ходорковский — талантливый человек, и ему удалось создать образцовую компанию мирового уровня. Но как и остальные олигархи, он предпочитал играть по собственным правилам, забывая о том, что государству не всегда нравится, когда эти правила меняются без согласия на то власти.

В этом году произошел самый крупный террористический акт в Москве — захват заложников в театре на Дубровке во время спектакля «Норд-Ост». Такая масштабная акция проводилась впервые. Были захвачены сотни людей, находившихся в театре. На самом деле это была даже не террористическая операция, а самый настоящий вызов политической власти Путина в стране. Если хотите, проверка на прочность нового президента. Он должен был пойти на переговоры, чтобы спасти восемьсот человек заложников, остававшихся в театре. Обязан был уступить террористам, как им уступали в Буденновске и Кизляре. Но не все понимали, что ситуация изменилась.

Во-первых, в самой Чечне существовало достаточно авторитетное руководство во главе с Ахмадом Кадыровым, который пытался стабилизировать ситуацию в республике. Во-вторых, поменялась международная обстановка, и боевиков, захвативших театр, уже никто не считал сепаратистами. После сентября две тысячи первого года приоритеты западных политиков изменились. И наконец, в-третьих, нужно было знать самого Путина. Он никогда не был человеком, готовым идти на компромиссы ради самих компромиссов. Он оказался смелым человеком. Однажды в Дрездене Путин вышел к разъяренной толпе и сумел ее успокоить, остановив беснующихся демонстрантов.

Но ситуация в Москве требовала кардинального решения. Путин колебался почти сутки. Безусловную поддержку в этот момент ему оказал Ахмад Кадыров. Но приказ о штурме мог отдать только президент. Он его и отдал.

Двадцать третьего октября вечером было захвачено здание театра. Весь день двадцать четвертого шли переговоры. И кто только в них не участвовал, кто только не делал шоу на крови! Популярные актеры, известные политики, ведущие журналисты. Все лезли на переговоры, не понимая, что своим появлением лишь мешают работать профессионалам и полностью дискредитируют власти, которые так и не смогли навести должный порядок. Одну из женщин, вошедшую в здание на Дубровке, террористы приняли за агента ФСБ и просто застрелили. Двадцать пятого октября Путин провел совещание с руководителями силовых структур. Очевидно, именно там и было принято окончательное решение.

В половине шестого утра у здания театра раздались три небольших взрыва и автоматные очереди. А уже через час официальный представитель ФСБ сообщил, что здание захвачено и почти все боевики уничтожены.

Погибло много людей, была неразбериха, случайные жертвы, убитые боевики. Но задача была выполнена. О действиях спецназа до сих пор спорят. Был ли оправдан такой риск? Нужно ли было пускать газ именно такой концентрации, имея в виду, что в зале находились люди, ослабленные долгим ожиданием, обезвоженные, голодные, измученные, оставшиеся без лекарств.

За несколько лет до этого, в Лиме, террористы захватили здание японского посольства, в котором на тот момент было более пятисот человек. Среди заложников оказались дипломаты США, Испании, Австрии, Венесуэлы. Четыре месяца длились переговоры, после которых состоялся штурм здания посольства. Все четырнадцать террористов были убиты на месте. Погибло два спецназовца и один заложник, скончавшийся от сердечного приступа. Больше не погиб никто. Конечно, эта образцовая операция была проведена совсем в других условиях и против других боевиков.

Большие потери на Дубровке шокировали обычных граждан. Хотя спецназовцы выполнили свой долг добросовестно и мужественно. Они сумели предотвратить взрыв здания, освободить большую часть заложников.

Поразительно, что основным требованием боевиков тогда был вывод войск из Чечни и прекращение войны. Однако попутно они хотели получить и самого Ахмада Кадырова, предложив за него пятьдесят заложников. Власти не пошли на такой унизительной торг, сохранив своего союзника, и, возможно, показали колеблющимся чеченцам, что российская власть больше никого не намерена сдавать, как не раз поступала прежде. Этот послание поняли многие.

КАРКАСОН. ФРАНЦИЯ. ТОТ САМЫЙ ДЕНЬ

Услышав голос Татьяны, я резко затормозил. Затем осторожно съехал на обочину дороги и обернулся к ней.

— Добрый вечер. — Я посмотрел на часы. Было девять вечера.

— Кажется, у меня появились большие проблемы, — произнесла эта потрясающая женщина. Она лежала со сломанной ногой, двумя сломанными ребрами, а говорила так спокойно, словно отдыхала на пляже в Антибе.

— Да, — согласился я. — Вы что-нибудь помните?

— Разумеется помню. Я, правда, довольно сильно ударилась головой, но все хорошо помню. Вы встречали меня в аэропорту, затем мы поехали в Лондон и по дороге попали в аварию. Верно?

— Да. — Я невольно улыбнулся. Она действительно все помнила.

— А вот что было потом — не помню. Только какие-то отрывочные воспоминания. Меня куда-то везут, или мы куда-то едем. Какой-то голос с немецким акцентом.

— Он не немец, прибалт.

— Возможно, прибалт. И еще мне все время хотелось спать. Вот и все, что я помню. Теперь извольте вы объясниться.

— Не могу, — честно признался я. — Нас могут преследовать. Давайте я сверну на Каркасон, а когда мы съедем с главной дороги, я смогу с вами поговорить.

— Это так опасно? — Она чуть прикусила губу. Было видно, что ей тяжело опираться на руку.

— Пока нет. Но может стать опасным. — Я проехал немного дальше, затем свернул на север, направляясь в Каркасон. Потом еще раз свернул и поехал по узкой асфальтовой дороге.

Теперь можно было остановиться и выключить огни. Здесь они нас точно не найдут. Татьяна все это время лежала, не задав ни одного вопроса. Я вышел из машины и пересел к ней в салон. Она посмотрела на меня синими глазами. Вы бы видели, какие у нее были глаза!

— Теперь рассказывайте, — потребовала она. — И прежде всего скажите, где мы находимся.

— Во Франции. На юге Франции, у города Каркасон.

— Совсем недалеко от Барселоны.

— Уже неплохо. Который сейчас час?

— Девять вечера.

— Где мой мобильный телефон?

— Лежит в вашей сумочке. Но я думаю, вам лучше пока никому не звонить. Давайте я вам все подробно расскажу.

— Подождите. Сначала скажите, как вас зовут. Кажется, в аэропорту вы не назвали вашего имени.

— Вы его не спрашивали.

— А сейчас спрашиваю.

— Исмаил. Меня зовут Исмаил.

— Я так и думала. Вы с Кавказа?

— Да. Я азербайджанец. Родился в Баку. Но последние двадцать пять лет жил в Москве.

— У меня с вашим городом связано воспоминание о Муслиме Магомаеве, — улыбнулась Татьяна. — Такой теплый южный город. Это вы привезли меня во Францию?

— Нет. Мы летели самолетом, но он потерпел аварию, и мы сели в Орлеане.

— Не слишком ли много аварий на один день? — усмехнулась Татьяна.

Честное слово, она мне нравилась. Даже в таком состоянии, с переломанной ногой и ребрами. Я с трудом заставлял себя спокойно сидеть. Ведь я помнил ее роскошное тело под простыней. И ее ночную рубашку, под которой ничего не было.

— Это вы меня раздели? — вдруг поинтересовалась она, словно прочитав мои мысли.

Я даже чуть покраснел.

— Нет, вас раздели в английской больнице, в Саттоне.

— Уже лучше, — улыбнулась она. — Значит, меня везли в Испанию и по дороге случилась авария?

— Позвольте, я вам расскажу все по порядку. А вы сами решите, что вам делать и куда нам нужно ехать.

— Договорились. Только я сначала должна позвонить и узнать, как себя чувствует мой сын. Он был с няней, и они должны были вернуться домой.

— Не звоните пока, — попросил я. — Вы даже не представляете, что происходит.

— Хорошо, — согласилась она. — Я выслушаю ваш рассказ. Только поднимите мне голову. Или дайте еще одну подушку. Кстати, почему мы в этой машине? Здесь пахнет горелым железом.

— Это запах сварочного аппарата. У этой машины срочно вырезали кресла из салона, чтобы освободить место для вас.

— Впечатляет, — согласилась Татьяна.

Я подошел к ней и поднял ей голову, чуть приподняв верхний край носилок. Поправил подушку, нечаянно задев ее волосы. При этом меня словно обожгло. Быстро убрав руку, я вернулся на свое место.

— Рассказывайте, — наконец разрешила она, — и извините, что я лежу.

Она была настоящей королевой во всем. И я рассказал ей все, ничего не утаивая. Было бы глупо утаить что-то от женщины, ради которой я сегодня едва не погиб в самолете и весь день охранял ее от вмешательства нашего прибалтийского «доктора Зло». Она слушала внимательно, не перебивая, иногда хмурилась, иногда улыбалась. Когда я закончил, Татьяна одобрительно кивнула.

— Браво. Вы показали себя настоящим героем. Просто политический детектив. А куда вы дели документы на самом деле?

— Я их спрятал в больнице. Положил в пакет и сдал его на хранение, — пояснил я, сдерживая улыбку. В тот момент я очень гордился собой.

— И решили меня спасти. Похвально. Вы действовали как настоящий рыцарь без страха и упрека. Только у меня к вам три вопроса. Во-первых, куда вы теперь вернетесь? Ведь вас будут искать и у вас могут быть очень большие неприятности. Во-вторых, что вы думаете делать с этими документами? Они ведь не ваши и к вам не имеют никакого отношения. И в-третьих, что будет теперь со мной?

— Я думал, что вы поняли, — пробормотал я в ответ. — Я не собираюсь больше возвращаться в Англию. Документы — это ваша собственность, вы можете распоряжаться ими как хотите. А насчет вас... Скажите, куда вас отвезти, и я отвезу. Только не в Барселону, там нас будут ждать Владик и его люди. Это руководитель охраны Артура.

— Ясно. Но мне нужно именно в Барселону. Там находится моя семья. Вы об этом еще помните?

— Помню, конечно. Но им ничего не угрожает. Они будут искать меня и вас, чтобы найти эти документы.

Татьяна задумалась. Затем попросила меня дать ей сумочку. Вы знаете, что она сделала, когда я передал ей ее сумочку? Вытащила крем-пудру от «Шанель» в такой черной коробочке и посмотрела на себя в зеркальце. Потом убрала коробочку в сумку и неожиданно спросила:

— Последний вопрос. Ради чего вы все это делаете?

Я осторожно вздохнул и ответил:

— Не знаю. Возможно, помню мою молодость, студенческие годы...

— Что вы хотите этим сказать? Мы с вами тогда встречались?

— Никогда. Вы были для меня недосягаемой мечтой. Королевой моих грез, — честно признался я, — мы любили вас всем нашим курсом.

Татьяна улыбнулась. Ей было явно приятно это услышать.

— И спустя двадцать лет вы решили меня спасти? Сколько вам лет?

— Сорок два.

— Красивый возраст. — Она опять улыбнулась. — Будем считать, что на этом формальности закончены. А теперь позвольте мне поговорить с няней моего сына и узнать, как они вернулись домой.

Она достала телефон, и я деликатно вышел из машины, захлопнув дверцу. Но невольно слышал весь ее разговор.

— Добрый вечер, Ольга Андреевна. Да, это я. У меня все в порядке. Не беспокойтесь. Я заехала к друзьям в горы, а здесь плохо работает мобильный. Да, можете сказать Виктору Алексеевичу, что все в порядке. Я ему сама позвоню. Нет, у меня все нормально. Как мальчик? Вы уже поужинали? Очень хорошо. А потом пусть он ляжет спать. До свидания.

Затем Татьяна еще кому-то позвонила, очевидно мужу.

— Виктор, добрый вечер. Да, у меня все в порядке. Небольшая авария, ничего страшного. Да. Да. Видимо, не рассчитал. Нет, легкий ушиб головы и ноги. Я приеду домой. Обязательно приеду. Нет, не волнуйся. Все будет нормально. Конечно. Ты же меня знаешь. Целую тебя. До свидания.

Она убрала телефон и закричала:

— Исмаил, где вы? Я боюсь долго оставаться одна.

Я подошел к окну.

— Куда нам ехать?

— И все равно в Барселону. Только мы сделаем иначе. Поедем к моим друзьям, которые живут в городе. Можете за меня не волноваться. У них дома меня никто не тронет. Это министр внутренних дел Каталонии. Я думаю, что даже наши доморощенные бандиты побоятся лезть в дом чиновника такого уровня. Как вы считаете?

— Да, — счастливо улыбнулся я, — конечно, не полезут.

Мне и в голову не могло прийти, чем закончится этот длинный день. Впрочем, он весь был сплошным недоразумением. Я вспомнил, что уже давно не звонил своему куратору.

— Можно, я отойду на одну минуту? — спросил я. — Кажется, рядом есть киоск. Куплю нам воды.

— Купите, — согласилась она.

Я отошел шагов на пятьдесят, чтобы меня не было слышно, и позвонил Николаю Николаевичу.

— Что вы себе позволяете? — услышал я его голос. — Я жду вашего звонка уже несколько часов. Получен приказ. Немедленно все бросить и первым же рейсом вылетать в Москву. Вы меня слышите? Все бросить и вылетать в Москву.

— Не могу, — тихо ответил я, ошеломленный такой метаморфозой.

— Как это не могу? Вы понимаете, что говорите?

— Понимаю. Мы стоим на пустынной проселочной дороге, и она лежит в машине с переломанной ногой. Рядом на несколько километров никого нет. Может, мне лучше ее убить, прежде чем уйти? Или оставить умирать одну?

Николай Николаевич молчал. Очевидно, обдумывал ситуацию. Нужно было ему помочь, подтолкнуть его.

— Она едет в дом министра внутренних дел Каталонии. Я оставлю ее там и уеду, — пообещал я моему куратору. — Это все, что я могу сделать.

— Хорошо, — согласился он. — Сколько вам туда ехать?

— Часов шесть или семь.

— Тогда не выключайте наш телефон. Я сам буду вам звонить.

— Договорились. — Я вернулся к машине. Уселся за руль.

— Не нашли воду? — вдруг спросила меня Татьяна.

— Что? — Я не сразу сообразил, о чем она меня спросила.

— Ничего, — улыбнулась она, — поедем, Исмаил. Уже очень поздно. Надеюсь, мы попадем в Барселону хотя бы до рассвета.

— Да, я тоже очень надеюсь, — сдержанно произнес я.

ГОД ДВЕ ТЫСЯЧИ ТРЕТИЙ

В декабре должны были состояться выборы в Государственную думу. Партии развернули свои предвыборные штабы, начали агитацию. Но это был не обычный год и не совсем обычные выборы. К этому времени четко сформировалось отношение новой власти к олигархам. Их не просто выдавливали из коридоров власти — их выдавливали вообще из российской политики. Умные олигархи все поняли сами, строптивым пришлось несладко. Березовский оказался в Лондоне, Гусинский познал все прелести объявленного в розыск международного преступника. Его поймали в Греции и едва не выдали российскому правосудию. Сбежали из страны Леонид Невзлин, Владимир Дубов, Михаил Брудно. И началась невиданная по размаху кампания против «ЮКОСа», в котором я работал.

На тот момент «ЮКОС» считался не просто образцовой российской компанией, а одной из лучших в мире. Выручка его за первые девять месяцев третьего года составила двенадцать миллиардов двести миллионов долларов. Можете себе представить? Чистая прибыль составляла более двух с половиной миллиардов долларов. Но прокуратура, начав уголовное преследование, просто обвалила рынок российских акций. И не только в нашей компании.

Однако все по порядку. Ходорковскому несколько раз намекали, что ему лучше уехать из страны, но он оказался «крепким орешком». Самый богатый человек в России верил в силу денег, в силу своей компании. Он уже привык диктовать свою волю другим и, возможно, не мог даже допустить, что уголовное преследование о неуплате налогов завершится его арестом и развалом его прибыльной компании.

Николай Николаевич встречался со мной почти ежедневно. Теперь, спустя несколько лет, я понимаю, что они собирали все материалы по «ЮКОСу». До сих пор не знаю, что тогда произошло. Расхожая версия о том, что Ходорковский погорел на своих политических амбициях, не выдерживает никакой критики. Якобы он финансировал оппозиционные «Яблоко» и коммунистов. На самом деле это был секрет Полишинеля. Об этом финансировании в Кремле знали давно. Здесь же были причины не только политического, но и глубоко личного характера.

Согласно некоторым сведениям, все-таки просочившимся в печать, Ходорковского сдали американцы.

Он достаточно откровенно говорил о своих политических притязаниях, уверяя, что станет новым президентом, сменив нынешнюю власть. Более того, позволил себе ряд личных выпадов против серых и стертых фигурантов современного российского истеблишмента. А также дал понять, что не уважает стоявших у власти людей и готов либо сменить их, либо перекупить. Можете себе представить состояние президента, которому услужливо и подробно об этом доложили? Если бы у Ходорковского были просто политические амбиции, он легко мог бы их удовлетворить, как это сделал второй человек из списка самых богатых людей в России. Роман Абрамович стал губернатором Чукотки, откровенно издеваясь и над собственной властью, и над своим народом.

Абрамович, безусловно, сделал много полезного для Чукотки, но в мировой истории еще не было губернатора, который руководил бы своим регионом с другого конца земного шара, из Лондона. И лишь временами навещал свою вотчину. Его неслыханные траты поражали весь мир. Невероятно дорогие яхты, которые он скупал одну за другой, его личные гигантские самолеты, его дома и поместья, раскиданные по всему миру, его футбольный клуб, который покупал самых дорогих футболистов мира, — все это не вызывало такого раздражения и ненависти у действующей власти, какую вызывал успешный Ходорковский, не покупавший яхт и самолетов, не коллекционирующий машины и виллы, а помогающий оппозиционным партиям, создающий благотворительные фонды и школы-интернаты для сирот.

Но его личные притязания на абсолютную власть, его личные выпады, его откровенное пренебрежение к высшим чиновникам оказались для него слишком опасными. Тем, кто был готов интегрироваться в процесс построения нового государства, признав государственную власть в России сакральной и абсолютной, разрешили остаться на своих местах. Это были Алекперов, Потанин, Фридман, Вексельберг, Маганов, Кукура, Богданов, Прохоров. Несогласных удаляли и разоряли, преследовали и наказывали.

И вместе с тем благодаря неслыханному росту цен на нефть и газ росло число миллионеров и миллиардеров в самой России. В третьем году их уже было семнадцать против семи к моменту начала путинского правления. В следующем году их стало уже двадцать пять человек.

Самого Ходорковского арестовали двадцать пятого октября две тысячи третьего года в новосибирском аэропорту Толмачево. Расследование длилось почти полтора года. За это время «ЮКОС» был практически разорен. Его нефтегазодобывающую компанию «Юкаснефтегаз» выставили на аукцион в следующем году и сразу купили. Причем миллиарды долларов нашла неизвестная фирма, зарегистрированная в Твери. Никто не удивился, когда буквально через три дня новая тверская компания была куплена государственной фирмой «РОСНЕФТЬ».

Как только объявили об аресте Ходорковского, произошел резкий обвал акций фондового рынка. По разным данным российские компании потеряли до сорока миллиардов долларов. Но рост цен на энергоносители перекрывал все потери, а политические дивиденды от устранения опасного конкурента были получены уже в декабре 2003-го года, когда состоялись очередные парламентские выборы. Пропрезидентская партия получила почти тридцать восемь процентов голосов. Коммунисты, которые до этого почти всегда выходили лидерами парламентских выборов, набирая стабильные двадцать пять—тридцать процентов, получили на этот раз только немногим более двенадцати процентов. А блок «Яблоко» вообще не попал в Государственную думу.

Под новый 2004-й год я стал подполковником. И мне предложили покинуть «ЮКОС». Я уже сам понимал, что здесь моя работа закончена. Николай Николаевич впервые назвал мне имя Артура Абрамова против которого было возбуждено уголовное дело. Абрамов успел сбежать в Лондон, куда перевел большую часть своих активов, и теперь мне рекомендовали возобновить с ним старые связи. Что я и сделал в наступившем году.

Американский президент Буш совершил самую большую глупость в своей жизни. Он полез в Ирак и спровоцировал очередной рост цен на энергоносители. Теперь их цена гарантированно росла с каждым новым убитым американских солдатом после очередного террористического акта в мире. Американцы и их союзники заплатили слишком дорого за эту войну, и я уверен, что заплатят еще больше. Но это уже проблема самих американцев, которые доверили правление столь недалекому человеку, как Буш-младший.

ДОРОГА НА ЮГ. ГРАНИЦА ФРАНЦИИ–ИСПАНИИ. ТОТ САМЫЙ ДЕНЬ

Я купил карту в одной из придорожных бензозаправок. Внимательно рассмотрел наш возможный маршрут. По железной дороге можно въехать в Испанию через Порт-Бои, путь проходит как раз по побережью, а если следовать от Перпиньяна немного на запад, то можно въехать в Испанию по шоссейной дороге, связывающей оба государства. Учитывая, что сейчас между Францией и Испанией нет государственной границы, въехать в Испанию довольно просто. Но как миновать людей Артура, которые наверняка там будут? Что мне делать? Ночью поменять нашу машину было невозможно. К тому же Татьяна явно не могла сидеть, ее можно было транспортировать только в лежачем положении.

— Скажите, Исмаил, — неожиданно спросила она, — вы женаты?

— Был. Разведен. Сын остался с матерью.

— И больше решили не пробовать?

— Вторая попытка могла оказаться еще более неудачной, — улыбнулся я, глядя на дорогу. Татьяна находилась за моей спиной, и я не мог видеть ее лица. — А можно мне задать вам вопрос?

— Конечно, — ответила она, — вы мой спаситель.

— Зачем вы привезли эти документы? Неужели вы доверяете такому человеку, как Артур Абрамов? Я не совсем представляю, как вы могли на такое решиться. Этот человек не тот мужчина, которому женщины могут доверять.

— Я знаю. — Кажется, Татьяна улыбнулась, но я этого не видел. И замолчала.

Я тоже долго молчал. Наконец не выдержав, спросил:

— Вы не хотите мне отвечать?

— Хочу. Дело в том, что мы с Артуром старые знакомые. Еще когда я была начинающий актрисой, он был нашим фарцовщиком в театре. Такой молодой, с худой шеей, всегда голодным взглядом. Актрисы хотели хорошо одеваться, а в конце восьмидесятых была эра тотального дефицита. И он у нас подвизался. С тех пор я его знаю. Мой второй муж имел с ним какие-то общие дела, они занимались поставками продуктов. Поэтому я знаю, что вашему боссу нельзя доверять ни при каких обстоятельствах. Он обманет любого партнера, бросит любую женщину, забудет о своих обещаниях. У меня нет никаких иллюзий на его счет.

— И все-таки вы к нему прилетели. Тогда зачем? Для чего?

— Это мой секрет. У женщины могут быть свои секреты. Но у нас с ним никогда ничего не было, если вас интересует этот вопрос. Только чисто деловые отношения.

— Это я уже понял. — Невозможно разговаривать с женщиной, когда сидишь к ней спиной.

И в этот момент зазвонил мой телефон. Английский телефон, о существовании которого я забыл, после того как не стал отвечать на многочисленные звонки Альберта Ромуальдовича. Я посмотрел на дисплей. Это был Артур. Мне стало даже любопытно. Интересно, он по-прежнему считает меня идиотом? Я достал телефон.

— Слушаю вас.

— Зачем тебе все это нужно? — услышал я недовольный голос Артура. — Что ты себе позволяешь? Сначала устроил аварию в Лондоне, потом посадил самолет в Орлеане, а теперь сбежал с женщиной в Тулузе. Если она тебе нравится, можешь с ней встречаться сколько тебе хочется. Она не моя жена и не моя любовница. Только скажи, куда ты дел документы?

— Какие документы?

— Исмаил, ты же умный человек. И мы столько лет знаем друг друга. Зачем тебе такие проблемы? Куда ты с ними пойдешь? Кому нужны эти документы во Франции?

Верни их мне, и я позволю тебе спокойно уехать из Англии. Можешь вернуться в Москву или в свой Баку. Куда угодно.

— У меня нет документов.

— Перестань меня обманывать. Ты сегодня весь день меня обманывал. Тебя купили? Скажи, кто тебе дал деньги? Я дам больше. Только назови, кто тебе заплатил — Абрамович или Березовский? Кто из них? Я дам гораздо больше, только верни мне эти чертовы документы, они мне сейчас очень нужны.

— Владик меня обыскивал. Спросите у него. Я ничего не брал. И авария была случайной. В самолете мне было плохо, и я случайно ударился об это окно. А в Тулузе я сбежал, когда услышал, как с вами разговаривает Альберт Ромуальдович. — Мне доставило удовольствие позлить бывшего босса. Пусть побесится.

— Ну да, понятно. Ты ничего не знаешь и чист, как агнец божий. Кто тебе заплатил, мерзавец? Назови сумму, и я дам больше. У тебя нет ни одного шанса уйти. Я тебя из-под земли достану, «чернозадый». — Он сказал другое слово, еще более оскорбительное. И я отключил телефон. Пусть злится еще больше.

— Кто это был? Артур? — Я только сейчас вспомнил, что у меня за спиной Татьяна.

— Он.

— Хочет найти документы? И угрожает вам? Верно?

— Ничего, перебьюсь. Я вот только думаю, как нам въехать в Испанию, ведь там могут быть его люди. Я попытаюсь найти другую дорогу. Нам необходимо сделать большой крюк в горы, там есть узкая асфальтовая дорога. Во всяком случае, она есть на карте.

— А если и там нас будут ждать? — спросила Татьяна.

— Тогда не знаю. Может, позвонить вашему другу в Барселону? Он министр и сможет прислать за вами машину полиции.

— Он очень удивится, если я обращусь к нему с такой просьбой. У них не принято злоупотреблять служебным положением. Я думаю, сделаем проще. Позвоните Артуру и сообщите, что документы вы оставили в камере хранения больницы в Саттоне. Он заберет документы, и все будет нормально.

Еще целую минуту я осознавал, что именно она сказала. Затем мягко нажал на тормоз. Остановил машину. Обернулся к ней.

— Я специально прятал эти документы от него, чтобы они не достались Артуру, а сейчас вы говорите, что нам нужно их ему отдать? Я не понимаю логики.

— Очень простая логика. — В темноте я видел только белки ее глаз. — Он получит документы и отстанет от нас.

Зазвонил телефон, и мы оба невольно вздрогнули. Звонил аппарат Татьяны. Она достала телефон.

— У меня все нормально, — сказала она каким-то высоким голосом, — не нужно волноваться. Я сегодня буду в Барселоне. Да, все абсолютно нормально. Нет. Пока нет, но надеюсь, что скоро. Не волнуйся. Повторяю, у меня все нормально. Целую. До свидания. Это позвонил мой супруг, — спокойно сообщила она мне, убирая телефон.

Я снова поразился ее выдержке. Какая женщина!

— Он наверно переживает?

— И очень сильно. Не может понять, где я задерживаюсь. Ничего, я ему потом все объясню. А сейчас звоните вашему шефу и сообщайте, где находятся документы.

— Нет.

— Почему нет?

— Ему нельзя отдавать эти документы. Будет грандиозный скандал, он опубликует их во всех британских газетах. Вы даже не знаете, как он попытается использовать эти бумаги. Он будет шантажировать указанных там людей, будет давить на них. Ему нельзя отдавать эти документы.

— Ах, Исмаил, — улыбнулась она, — какой вы порядочный и честный человек! Я думала, таких уж нет. Наверно, такие мужчины остались только на Кавказе. Вы не волнуйтесь, ничего он с этими документами не сделает. Не нужно беспокоиться. Вы просто позвоните и сделайте вид, что испугались. Решили сдать ему документы. Можете немного поторговаться, попросить у него денег. Тогда он решит, что вы спрятали их из-за денег...

— Он уже так и решил.

— Ну вот видите. Я примерно знаю психологию этих бывших фарцовщиков. Он убежден, что все можно купить и продать з деньги.

Я молчал. По большому счету она был права. Но зачем тогда я прятал ее весь ден от нашего эскулапа, не давая ему допраши вать Татьяну? Зачем устроил эту аварию в самолете и побег в Тулузе?

— Позвоните, — снова мягко предложила она, — если вы скажете про деньги, он все сразу поймет. Пусть лучше он считает вас, простите меня, жадным негодяем, чем предателем, рискнувшим поставить на кон свою будущую жизнь из-за сострадания к женщине. В конце концов, этот темно-синий «Мерседес» мог врезаться в нас чуть слабее и я осталась бы невредимой. Тогда состоялась бы наша встреча в отеле и я отдала бы ему эти бумаги сама. Поймите, Исмаил, у нас с ним была договоренность о встрече...

— Я понимаю. — Нужно было достать из кармана телефон, включить его и позвонить моему бывшему боссу.

И вдруг я понял, что только сейчас сказала мне Татьяна. Я начал осознавать смысл ее слов. Я медленно убрал руку и, словно во сне, повернулся к ней. Поднял руку, включил свет в салоне автомобиля. Мы оба зажмурились от яркого света, но мне сейчас хотелось видеть ее глаза. Обязательно увидеть.

— Что вы сейчас сказали? — чуть заикаясь, спросил я. — Откуда вы знаете, что в нас должен был врезаться именно этот «Мерседес»?

ГОД ДВЕ ТЫСЯЧИ ЧЕТВЕРТЫЙ

Это был год вторых президентских выборов Путина. Многое изменилось за четыре года, но основные проблемы оставались прежними. По существу, самыми главными пунктами президентской программы, с которыми он начинал свою деятельность, было укрепление государственной власти в стране и прекращение войны в Чечне.

Государственную власть Путин, безусловно, укрепил. Теперь олигархи даже не смели появляться в коридорах власти и вести себя так бесцеремонно, как раньше. Урок с Ходорковским усвоили и все остальные. Олигархов построили и пересчитали. Они не особенно возражали; в конце концов, когда у человека есть десять миллиардов долларов, он всегда готов пожертвовать сотню-другую миллионов на развитие своего государства и не вмешиваться в политику, чтобы спокойно проедать свои деньги.

Самое поразительное, что с его партией объединилась партия «региональных баронов» Лужкова—Шаймиева, которые стали просто самыми активными функционерами новой пропрезидентской партии. Интересно, что в список самых богатых людей вошла и супруга Лужкова — Елена Батурина. Но это иногда случается. В конце концов, почему бы супруге столичного мэра не быть миллиардершей, если она заработала деньги своим непосильным трудом?

В декабре Государственная дума приняла новый закон, по которому выборность губернаторов была отменена. Это стало точкой в деле налаживания полной и безусловной власти центра на местах. Губернаторы с тех пор назначаются приказом президента, и властная вертикаль приняла устойчивую форму сильного централизованного государства вместо того феодально-лоскутного правления, которое было при царе Борисе.

Немного настораживало окружение нового президента. Было полное ощущение, что людей подбирают по признаку «стертости». Есть такое понятие в разведке, когда прикрепленному наблюдателю нужно иметь стертую внешность, чтобы его никто не заметил.

Но на новые выборы Путин шел абсолютно уверенный в своей победе. В ней настолько были уверены и его оппоненты, что впервые выставили вместо себя не просто других кандидатов, а откровенно комические фигуры, которых население не могло принять всерьез. Путин легко победил во второй раз. Но если в период своего первого срока правления он сумел «равноудалить» олигархов от власти и наладить достаточно жесткую политическую вертикаль, то теперь был обязан прекратить войну в Чечне и вывести экономику страны на новые рубежи.

Слезть с нефтяной иглы было почти невозможно. Цены росли такими темпами, что самой главной проблемой стало — куда девать незаработанные миллиарды долларов? Золотовалютные запасы тоже росли рекордными темпами.

После парламентских и президентских выборов положение в стране казалось достаточно стабильным и устойчивым. Но сентябрь того года взорвал нашу спокойную жизнь, снова напомнив о незаконченной войне.

Бесланская трагедия стала самым страшным и самым невероятным эпизодом этого трагического противостояния, которое началось еще в девяносто первом году. Группа боевиков из Ингушетии проникла в

Беслан и первого сентября умудрилась захватить школу со всеми учениками, их родителями и учителями. Число захваченных заложников сознательно занижалось, но их было не менее тысячи человек. Это был такой небольшой апокалипсис, когда стало ясно, что на этот раз применить газ просто невозможно. Основными заложниками были дети, в том числе и младших классов.

Я часто думаю, как следовало бы поступить власти. И не нахожу ответа. Снова идти на переговоры, понимая, что это жест отчаяния со стороны запертых в горах боевиков. К этому времени отряды Рамазана Кадырова достаточно жестко и жестоко расправлялись с несогласными, наводя порядок в республике собственными методами. Но ведь были и другие террористические акты, потрясшие страну своей бессмысленной жестокостью.

Двадцать четвертого августа взорвались сразу два самолета, вылетевших из Москвы. Через неделю смертница подорвала себя у станции метро «Рижская», и вместе с ней погибло еще десять человек. События шли по нарастающей. И как финальный аккорд — тысяча заложников в школе, когда невозможно было не договариваться с бандитами. Но и договариваться тоже было невозможно.

В Чечне уже было достаточно много людей, готовых интегрироваться в российское общество и жить в единой стране. Там с огромным трудом налаживалась мирная жизнь, восстанавливались дома, электростанции, заводы, начинали возвращаться беженцы. И все это нужно было бросить? Я действительно не знаю, как можно вынести такое «бремя ответственности». И не хотел бы его на себе нести. Но все получилось еще более трагически и страшнее, чем на Дубровке. Гораздо страшнее.

Третьего сентября начался штурм школы. Я видел эти кадры, когда по зданию беспорядочно стреляли спецназовцы и вооруженные ружьями отцы захваченных детей. Бардак был абсолютным и полным. Я могу поверить, что штурм не был преднамеренным, а оказался чисто вынужденной мерой. Но верю и моим глазам. На Кавказе нельзя проводить такие операции рядом с вооруженными мужчинами. Было сразу понятно, что они ринутся в бой за своих жен и детей. Нужно было выставлять первое кольцо спецназа вокруг школы для атаки и второе — гораздо более мощное — для внешней охраны, через которое не могли бы проникнуть в район боевых действий даже очень заинтересованные люди.

Беслан стал такой кровавой трагедией, которую не смог бы придумать ни один писатель, ни один журналист. Больше трехсот погибших детей просто разрывали сердца миллионов матерей и отцов во всем мире. Горе было таким оглушительным, что весь мир содрогнулся. И отвернулся от людей, совершающих такие преступления. Нет такой цели, во имя которой можно убивать столько детей. Еще никто не придумал. И никто не придумает.

После Беслана стало очевидным, что война в Чечне просто не может больше продолжаться. Смерть такого количества детей вызвала катарсис, как в древних трагедиях. Очищение через боль. Боевики начали выходить из лесов, спускаться с гор, возвращаться в свои семьи. Никто не хотел воевать, оставаясь на стороне тех, кто позволял себе убивать детей. К тому же российские спецслужбы провели целую серию специальных операций, ликвидировав Масхадова, Яндарбиева, Басаева, Хаттаба. Интересно, что Яндарбиева взорвали вместе с его сыном, и этот несчастный мальчик стал жертвой политических обстоятельств, заложником большой игры.

С другой стороны, чеченские власти также понесли потери, когда оппозиции удалось убрать Ахмада Кадырова, бывшего муфтия Чечни, ставшего руководителем республики. Он искренне полагал, что можно остановить войну и дать мир своему измученному народу.

На Украине произошла «оранжевая революция», когда закончилось бездарное и позорное правление Кучмы, сумевшего так завершить свою политическую карьеру, что народ Украины практически разделился на две страны. Янукович и Ющенко сошлись в президентском противостоянии. Формально победил Янукович, фактическую победу одержал Ющенко. Но его победа оказалось недолгой. Сформированная на майдане коалиция не выдержала испытание временем и теми проблемами, которые реально встали перед украинской экономикой. Ставшая главой правительства Юлия Тимошенко своими волюнтаристскими и авантюрными методами только усугубила этот кризис. Достаточно скоро Ющенко понял, что работать с подобными людьми невозможно. Но это произошло только после выборов в Раду. К тому же «изящный политический финт» в очередной раз продемонстрировал лидер социалистов Мороз, который ушел от правящей коалиции, переметнувшись в стан оппозиции и получив за это должность спикера парламента. Цинизм и гибкая совесть политиков на постсоветском пространстве продолжали поражать весь мир.

Это был год, очень странный и для меня. В прокуратуре на меня завели уголовное дело, так как я стал к тому времени уже начальником отдела в «ЮКОСе». Я понимал, что это делается намеренно, чтобы оградить меня от подозрений. К тому времени под стражу были взяты уже не только Ходорковский, но Лебедев, Пичугин и некоторые другие. Я боялся, что кто-нибудь из руководителей моего куратора может решить, что для успешного продолжения легенды мне нужно сесть в тюрьму. Но ничего страшного не случилось. Мне разрешили улететь в Лондон, где я случайно встретился с Артуром. Он как раз искал себе нового помощника. Старый неожиданно вернулся в Москву. Вы, конечно, понимаете, что его возвращение было частью спецоперации по моему внедрению.

Артур очень обрадовался моему приезду в Лондон и сразу предложил мне стать его помощником. Он ведь знал меня еще по «Мост-банку», затем когда я работал в НТВ-кино и перешел на работу в «ЮКОС». К тому же он знал, что на меня заведено уголовное дело. Я был на тот момент разведен. Сын остался с женой, и меня ничего не связывало с Москвой. Поэтому я с удовольствием уволился из уже разваливающегося «ЮКОСа» и в конце две тысячи четвертого года остался в Лондоне. Остался, чтобы попасть в такую вот переделку с этими документами. Но разве я мог все это предвидеть?

ГРАНИЦА ФРАНЦИИ—ИСПАНИИ. ТОТ САМЫЙ ДЕНЬ

Я вдруг почувствовал, что у меня пересохло во рту. Откуда Татьяна могла знать про аварию? Ведь она смотрела в другую сторону. И ничего не могла помнить сразу после аварии.

— Что вы сейчас сказали? — чуть заикаясь и задыхаясь от волнения, спросил я. — Откуда вы знаете, что в нас должен был врезаться именно этот «Мерседес»?

Если бы я не включил свет в салоне машины, я, наверное, не увидел бы, как она отвернулась. Не увидел бы ее реакции на мой вопрос. Но эта реакция убедила меня, что я прав. Она точно знала, что мы должны попасть в аварию именно с темно-синим «Мерседесом», и поэтому сказала мне об этом. Теперь я вспомнил ее слова, которые Татьяна произнесла в разговоре с мужем. Она сказала «немного не рассчитал». Значит, была убеждена, что в нас врезался «Мерседес», который, не рассчитав силы удара, врезался сильнее, чем следовало. Она не знала, что благодаря моей реакции мы сумели уйти от столкновения с «Мерседесом» и в это мгновение в нас врезался «Фольксваген».

— Что вы хотите еще знать? — тихо спросила меня Татьяна.

— Что происходит? — Я вытер тыльной стороной ладони внезапно вспотевший лоб. — Я ничего не понимаю. Откуда вы знаете про «Мерседес»? Почему вы так уверены, что именно он должен был в нас врезаться?

Она молчала. И я молчал. Не понимая, что происходит, я чувствовал себя последним дураком.

— А разве мы столкнулись не с «Мерседесом»? — в свою очередь спросила Татьяна.

— Нет.

— Тогда понятно.

— Что вам понятно?

— Я думала, что в нас врезался «Мерседес». Это было последнее, что я запомнила...

— Не нужно, — прервал я ее, — не нужно принимать меня за дурака. Вы были уверены, что в нас врезался именно этот «Мерседес». Между прочим, его водитель долго не хотел уезжать. Я еще подумал, какой он внимательный и чуткий человек. Он выехал нам навстречу, но я успел увернуться и нас ударила совсем другая машина.

Татьяна вдруг улыбнулась. Честное слово она улыбнулась.

— Тогда все ясно, — проговорила она. — Теперь понятно, почему нас так сильно ударили.

— Вы ничего мне не объяснили.

— Я полагала, что вы все поняли.

— Вы разговаривали не с мужем?

— С ним. Но он в курсе. Он не возражал против моего участия в этой игре.

— Мы должны были попасть в аварию?

— Да.

— Все было рассчитано заранее?

Она опять замолчала. Затем с некоторым вызовом спросила:

— Вы не могли бы пересесть в салон? Мне трудно разговаривать, обернувшись к вам.

Я молча вышел из машины, обошел ее, молча сел в салоне рядом с женщиной, ожидая объяснений.

— В общем вы все поняли правильно, — сказала Татьяна. — Я действительно прилетела на встречу с Артуром Абрамовым. Мы должны были встретиться с ним в «Дорчестере» сегодня утром, а потом я должна была вылететь обратно в Испанию. Но не моим рейсом, на который у меня был взят билет, а вечерним. Все было рассчитано таким образом, что меня встретит кто-нибудь из людей Абрамова и повезет в город. В этот момент нас должна ударить машина. У меня будет легкий ушиб, и мы поедем в больницу. Я вызову туда Абрамова и объясню, что должна срочно улететь, чтобы о моем визите в Лондон никто не успел узнать. Я привезла эти документы для него, но он должен был понять, что я очень неохотно расстаюсь с ними после перенесенной аварии.

— Но для чего? Кому нужна эта инсценировка?

— Моей стране, — пояснила Татьяна, глядя мне в глаза. — Вам трудно поверить, что еще существуют такие понятия, как долг и любовь к своей стране?

И это она сказала мне, подполковнику разведки, который провел на нелегальной работе в собственной стране полтора десятка лет.

— При чем тут Абрамов?

— При том. И учтите, что я не имею права вам ничего рассказывать. Только потому, что вы сегодня так упрямо и настойчиво не отдавали меня в руки врача, я позволяю себе рассказать вам о реальном положении дел.

— Не проще ли было просто передать ему документы по факсу или переслать в конверте, а потом уехать?

— Нет. Он бы мне не поверил. И никому не поверил бы. Была разработана целая операция. В газетах стали появляться статьи о том, что мы с мужем живем уже в разных домах. На самом деле это абсолютная ложь, мы с Виктором любим друг друга и живем вместе. Но на статьи обратил внимание Абрамов и живущие в Лондоне олигархи. Я созвонилась с Артуром, которого знала уже лет двадцать, и объяснила ему, что у меня есть исключительно важные документы. Он согласился со мной встретиться. Мы договорились, что я прилечу в Лондон, а он снимет отель в центре города для нашей встречи и пригласит кого-нибудь из экспертов, чтобы оценить важность моих бумаг. Теперь вы понимаете, почему я должна была попасть в аварию?

— Не понимаю...

— Нужно было, чтобы мы встретились с ним в другом месте без эксперта.

— Почему?

Она сжала губы. Помолчала. Затем наконец призналась:

— Документы не настоящие. Но они сделаны так, чтобы Абрамов поверил в их подлинность. Меня попросили сыграть роль такой стервы, которая недовольна своим мужем и готова с ним развестись. А для обеспеченной новой жизни мне нужно продать эти документы. Если бы я просто передала их Артуру, он заподозрил бы подвох.

— Здорово, — не удержался я, — тот, кто придумал этот план, почти гений. Он неплохо изучил психологию моего босса. Чем большую сумму он заплатит за эти документы, тем больше будет их ценить. Это действительно так.

— Вот видите. Было решено, что я попаду в аварию, а уже в больнице без эксперта попытаюсь с ним договориться и передам ему бумаги. Они должны были попасть к Абрамову. А вы невольно помешали выполнить такой идеальный план. Сначала увернулись от столкновения с «Мерседесом», затем вообще украли документы...

— Я боялся за вас.

— Понимаю. Только поэтому я вам все и рассказываю. Разумеется, вы не виноваты в том, что произошло. Но вы немного подвели меня и тех, кто готовил эту операцию.

— Поэтому нас пытались остановить у аэропорта? — Я вспомнил стрелявших в нас людей. Интересно, что они почти не стреляли в первую машину, где сидел Артур. Знали, что она бронированная, и не стреляли. Но стреляли в реанимобиль.

— Боюсь, вас втянули в грязную игру. — Я вспомнил раненого Раджа. — Нападавшие на нас стреляли в машину, в которой находились вы, и в мой автомобиль. Они даже убили водителя. Очевидно, для достоверности готовы были застрелить и вас тоже.

— Я думаю, это стреляли не наши люди, — возразила Татьяна, — скорее конкуренты. Они готовы были на все, чтобы завладеть документами. И остановить нас. Наши люди не стали бы стрелять. Они позволили бы нам улететь, чтобы Артур был рядом со мной и узнал, где находятся документы.

— Но для чего такая сложная операция?

— Кому-то из олигархов попали в руки подлинные документы со счетами некоторых крупных российских чиновников. Их публикация вызовет настоящий скандал. Поэтому и была проведена такая операция с подставкой другой партии документов. Я должна была передать Абрамову фальшивые документы. Когда их начнут публиковать, все сразу поймут, что олигархи просто подставляют российских чиновников. Все счета не настоящие. После этого им уже никто не поверит. Эта операция была задумана для того, чтобы их скомпрометировать. Теперь вы все поняли?

— И я невольно вам помешал.

— Не вините себя так сильно. Пока еще нет. Но вам нужно сыграть заключительный акт этой драмы. Позвоните Абрамову и поторгуйтесь с ним. Пусть даст вам миллион или два. Как компенсацию за ваши приключения. А потом можете сдать ему документы. Вас устраивает мое предложение?

— Кто вы такая? — задал я последний вопрос. — Вы работник спецслужбы?

— Я работаю на мою страну, Исмаил, — ответила она, — меня зовут Татьяна Негачкова, и я всего лишь актриса. Которая решила сыграть, может быть, свою лучшую роль в жизни.

ГОД ДВЕ ТЫСЯЧИ ПЯТЫЙ

В мае этого года бывший самый богатый человек России, руководитель самой успешной российской компании, олигарх, чье состояние оценивалось в восемнадцать с лишним миллиардов долларов, был осужден российским судом. Адвокаты Ходорковского подали апелляцию. Но наказание было снижено всего до восьми лет с тем, чтобы бывший олигарх не попал под амнистию. И его отправили в одну из самых отдаленных колоний на Дальнем Востоке, чтобы он отбывал там наказание среди обычных уголовников.

Оба самых богатых олигарха страны словно продемонстрировали, что может случиться с человеком, сознательно выбирающим свой путь. Абрамович был готов к компромиссам и согласился даже во второй раз остаться на должности губернатора Чукотки. Он вообще привык не конфликтовать, старался не обострять отношений с властью и благоразумно уступил весь свой бизнес в России государственным структурам.

Получив более пятнадцати миллиардов долларов, он начал скупать яхты, самолеты, замки, дома, виллы, футболистов и наслаждаться жизнью, лишь иногда прилетая на место своей работы. Ходорковский, который создал столь эффективную компанию, открыто противостоял власти. Ни в одной стране мира власть не любит, когда ей бросают вызов. Не понравилось это и в современной России. Ходорковский и те из его людей, которых удалось достать, понесли наказание, получив значительные сроки тюремного заключения. Их компанию разорили, активы продали, акции «ЮКОСа» упали в цене до самого низкого предела.

Урок оказался усвоен остальными. Теперь каждый из «хозяев жизни» стал понимать, что может с ним произойти, если он рискнет начать самостоятельную игру на политическом поле. Времена, когда олигархи диктовали свою волю, окончательно канули в Лету. Все оставшиеся в стране миллиардеры приняли и усвоили правила игры. Они стали помогать государству в его различных социальных программах, принимать участие в благотворительных акциях, выступать спонсорами различных культурных и светских мероприятий. Но в политику более не лезли. Один из самых авторитетных экономистов в мире — лауреат Нобелевской премии по экономике Джозеф Стиглиц заявил, что удаление олигархов может помочь оздоровлению российской экономики.

Война в Чечне постепенно угасала. Из республики начался вывод российских войск. Были досрочно погашены государственные долги. По золотовалютным запасам страна вышла на четвертое место в мире. Началась дискуссия о том, кто именно может стать преемником действующего президента. Среди политиков упрямо фигурировали две кандидатуры людей, ставших первыми заместителями председателя правительства, — Иванов и Медведев. При этом первый курировал силовые структуры, был бывшим генералом КГБ, а это делало его кандидатуру гораздо более предпочти-

`ельной. Второй был личным выдвиженцем
Путина и занимался самыми сложными социальными проблемами страны.

Я работал в Лондоне, исправно передавая сообщения в Москву. Мой босс был одним из тех бывших олигархов, выдачи которого требовала Россия. Лондонский суд дважды отказал российской прокуратуре в выдаче Артура Абрамова, обвиняемого в особо крупных хищениях, мошенничестве, заказных убийствах, неуплате налогов, коррупции. В общем, у него был полный букет преступлений, которые обычно бывают у любого «порядочного» олигарха, сумевшего сделать себе состояние в бурные девяностые годы. Я находился рядом с ним и фиксировал все его контакты, встречи, связи. Меня даже представили в конце года к какой-то награде, название которой я так и не запомнил. То ли к ордену, то ли к медали. Впрочем, для меня это не имеет особого значения. Все равно мне не дадут награду носить. Как только вручат, сразу же и отнимут, спрячут в особом сейфе. Но моральное удовлетворение от работы я получал. И материальное, так как Артур мне очень неплохо платил. А что еще нужно человеку в сорок лет? У меня появились знакомые женщины.

Я начал даже немного толстеть, чувствуя, как превращаюсь в такого ленивого и упитанного кота. И это было самое неприятное, что со мной случилось в этом приятном году.

ГРАНИЦА ФРАНЦИИ–ИСПАНИИ. ТОТ САМЫЙ ДЕНЬ

На часах было около одиннадцати, когда я сам позвонил Артуру. Нужно было сыграть так, чтобы мне поверил мой бывший босс. А также сыграть так, чтобы наш разговор одобрила Татьяна. Я довольно долго ждал, когда он ответит. Очевидно, Абрамов решал, как ему поступить. Но наконец взял трубку и рявкнул:

— Считай себя покойником.

— Я все время вам честно служил...

— Отдай документы. Я не хочу с тобой болтать. Отдай документы и катись на все четыре стороны.

— Вы же знаете, что я никуда не могу уехать. Против меня в России возбуждено уголовное дело. Если я вернусь в Баку, меня сразу выдадут Москве, так как я еще пока российский гражданин. Мне некуда ехать.

— Верно. Лучше вернись в Лондон, и мы тебе здесь устроим показательную встречу. А потом хорошие похороны с оркестром, — зло пообещал Абрамов. — Я тебе покажу, как нужно работать.

— Нет. Вы же понимаете, что я должен куда-нибудь уехать. Например, в Америку или в Австралию.

— Никуда ты не уедешь. Я тебя и на том свете найду. Отдай документы.

— Я поэтому вам и звоню. Документы у меня.

— Ах ты мерзавец! — добродушно произнес Артур. — Вот Владик не верил, что ты мог их украсть. Говорил, что у тебя могут быть какие-то иные мотивы. А ты просто мелкий вор. Вот такой маленький, гадкий и скользкий вор, которого я держал у себя под рукой.

— Я не вор. Вы же знаете, что мы попали в аварию и после этого Татьяну отвезли в больницу. Мне дали ее документы, я их посмотрел и сразу все понял. Поэтому и спрятал.

— Что я тебе говорил? — сказал Абрамов кому-то, очевидно, находящемуся рядом Владику. И опять спросил у меня: — Где документы?

— У меня. Спрятаны в надежном месте.

— Это я уже понял. Что ты хочешь?

— Два миллиона долларов.

— Совсем чокнулся? Крыша поехала? Я за двадцать тысяч долларов найду человека, который тебя на кусочки разрежет и найдет мне документы. Зачем мне платить такие деньги? Вот Владик предлагает убить тебя бесплатно.

— Хорошо, — согласился я с моим боссом. — В таком случае я продам их Филоненко.

— Ах ты паразит! — закричал Артур. Честное слово, в его голосе была радость. Я знал его уязвимое место. Он не доверял людям. Это плохо для такого солидного бизнесмена, каким он себя считал. — Значит, договорился за моей спиной с этим гнидой? — радостно продолжил Абрамов. — Я всегда его подозревал. Знал, что ему нельзя верить. Но не думал, что и ты с ним сойдешься. Два миллиона много. Получишь полмиллиона и моли Бога, чтобы я тебя не нашел.

— Тогда мы не договорились.

— Подожди. Черт с тобоi! Пусть будет миллион.

— Мало.

— Владик обещает за сто тысяч найти документы и тебя. Как думаешь, хорошая цена за твою черную голову?

— А я продам документы Филоненко и найму себе охрану. Или перекуплю вашего Владика. Как вы думаете, за сколько его можно купить?

Татьяна усмехнулась и показала мне большой палец. Все шло строго по плану. Я, кажется, не переигрывал.

— Ладно. Полтора миллиона, и ни цента больше. Получишь через два дня. Теперь скажи, как я получу документы?

— Сначала я получу деньги.

— Ты мне уже не веришь? Совсем обнаглел.

— Артур, — я улыбнулся, — мы знакомы уже много лет. Я не помню ни одного случая, когда ты сдержал бы свое слово. Не принимай меня за идиота.

— Уже на «ты» перешел? Считаешь себя равным?

— Мы партнеры по бизнесу, Артур. Я продаю, ты — покупаешь. Переводи деньги и получишь свои документы.

— Черт с тобой! Завтра утром получишь деньги. Скажи, где документы?

— Артур, так просто непорядочно поступать. Неужели ты думаешь, что я тебе поверю?

— У вас во Франции сейчас одиннадцать ночи, а у нас десять. Все банки закрыты. Откуда я тебе сейчас переведу деньги? Откуда?

— Это для дурачков, — возразил я ему. — В Америке сейчас все банки работают. Там как раз конец рабочего дня. Это на восточном побережье, а на западном — день. Ты забыл, что я знаю названия всех банков, где у тебя хранятся деньги. Достаточно взять трубку и перевести деньги из США на мой счет. Это совсем не сложно. И займет не много времени. А утром я проверю мой счет и пришлю тебе документы. Договорились?

— Ладно. Но если ты меня обманешь...

— Господин Абрамов, я столько времени работал у вас помощником. И вы до сих пор не поняли, что я честный человек?

— Что б ты сдох, — пожелал мне Артур

— И еще один вопрос. Что мне делать с госпожой Негачковой? Она до сих пор н пришла в себя. Может, вернуть ее нашем врачу Альберту Ромуальдовичу?

— Можешь оставить ее себе, — зл буркнул Абрамов, — или сдай ее в местну полицию. Мне она больше не нужна. Вот так бывает всегда, когда пытаешься делать дела с этими актрисами.

Мы оба разъединились не попрощавшись. Я посмотрел на Татьяну. Она улыбнулась.

— У вас хорошие актерские данные, господин миллионер. Кажется, вы можете ехать куда захотите. Я могу узнать, куда вы поедете после того, как он переведет вам деньги?

— В Баку. Хочу навестить родителей. А потом в Москву. Там мой дом.

— Вы же сказали, что на вас заведено уголовное дело?

Я улыбнулся и подмигнул ей.

— Мне начинает казаться, что не только я играла в эти игры, — усмехнулась Татьяна. — Может, вы заранее знали, что с нами случится? Неужели вы весь сегодняшний день только импровизировали?

Я продолжал улыбаться. В отличие от нее я ничего не собирался ей рассказывать. Просто не имел на это права. Пусть она считает меня последним романтиком на этой планете. А нашу невероятную мистерию — самой поразительной игрой в ее жизни.

Литературно-художественное издание

Абдуллаев Чингиз

МИСТЕРИЯ ЭПОХИ ЗАКАТА

Роман

Зав. редакцией *А.С. Кобринская*
Редактор *Е.А. Кушнарева*
Технический редактор *Т.П. Тимошина*
Корректор *И.Н. Мокина*
Компьютерная верстка *И.В. Михайловой*

ООО «Издательство Астрель»
129085, г. Москва, проезд Ольминского, д. 3а

ООО «Издательство АСТ»
170002, Россия, г. Тверь, пр-т Чайковского, д. 27/32

Вся информация о книгах и авторах
Издательской группы «АСТ» на сайте:

Наши электронные адреса:
www.ast.ru
E-mail:astpub@aha.ru

По вопросам оптовой покупки книг
Издательской группы «АСТ»
обращаться по адресу:
г.Москва, Звездный бульвар, 21 (7 этаж).
Тел.: 615-01-01, 232-17-16

Заказ книг по почте:
123022, Москва, а/я 71, «Книга — почтой»,
или на сайте shop.avanta.ru

Отпечатано с готовых диапозитивов
в ООО «Типография ИПО профсоюзов «Профиздат»
144003, г. Электросталь, Московская область, ул. Тевосяна, д. 25

«Зная широкий творческий диапазон писателя из Баку, автора известных бестселлеров, так и хочется задать вопрос: «Кто Вы, доктор Зорге?» С какой потаенной точки обозреваете все эти запутанные хитросплетения мировой и отечественной политики, заговоры крупнейших мафиози, действия многих разведок мира?..»

(«Литературная газета» 24.01.96 Людмила Лаврова)

«Шпионские страсти, борьба с организованной преступностью всегда вызывает у читателя повышенный интерес. Наверное, поэтому романы Чингиза Абдуллаева пользуются спросом и издаются многотысячными тиражами».

(«Московский комсомолец» 23.06.96 Олег Фокин)

«Среди новых имен отечественных авторов в то время самым заметным был Чингиз Абдуллаев с «Голубыми ангелами» и «Играми профессионалов». Его герой Дронго — современный вариант разведчика-одиночки, борющегося с помощью не кулаков, а своих аналитических способностей».

(«Книжное обозрение» 20.03.97 «Ex Libris НГ» Олег Рагозин)

«Чингиз Абдуллаев в подробном представлении российскому читателю не нуждается. Его книги раскупаются мгновенно, а сам он, будучи гражданином Азербайджана, входит в десятку самых читаемых современных российских писателей».

(«Рабочая трибуна» 30.12.97 Светлана Авдеева)

«Его книги печатаются гигантскими тиражами и не залеживаются на магазинных прилавках».

(Газета «Версия» 29.06.98 Анна Ковалева)

«Помимо писательского мастерства, Абдуллаев удивляет нечастым в нашей литературе интернациональным человеколюбием».

(«Плейбой» № 9, 1998 Александр Дельфин)

«Господин Абдуллаев стал одним из самых лучших романистов в бывшем Советском Союзе...

Его шарм может обезоружить дипломатов на официальных приемах, вражеских агентов в темных переулках».

(«Крисчен Сайенс Монитор» 18.03.99 Джон Бойл)

«У Чингиза Абдуллаева получается противопоставить злу добро, при этом у добра обнаруживаются прекрасные мозги и внушительные кулаки».

(«Лица» апрель 2000 Максим Старосельский)

«Произведения Абдуллаева, переведенные на множество языков, неизменно и заслуженно пользуются успехом у читателей во многих странах».

(«Диалог Евразия» июнь 2000)

«Чингиз Абдуллаев один из самых известных на сегодня писателей в мире».

(«Заман» Стамбул. 30.03.2000 Тайфун Кандеми)

«Его книги расходятся рекордными тиражами..., а количество изданных книг — восемнадцать с половиной миллионов. Чем не кандидат в Книгу рекордов Гиннесса?»

(«Московские новости» № 2, 2002)